古典文獻研究輯刊

三四編

潘美月・杜潔祥 主編

第 26 冊

陳景雲《文選舉正》疏證
（第五冊）

范志新 著

國家圖書館出版品預行編目資料

陳景雲《文選舉正》疏證（第五冊）／范志新 著 -- 初版 --
新北市：花木蘭文化事業有限公司，2022〔民 111〕
目 4+218 面；19×26 公分
（古典文獻研究輯刊 三四編；第 26 冊）
ISBN 978-986-518-881-8（精裝）
1.CST：文選舉正 2.CST：文選學 3.CST：文學評論
011.08   110022685

ISBN-978-986-518-881-8

9 789865 188818

古典文獻研究輯刊
三四編 第二六冊   ISBN：978-986-518-881-8

陳景雲《文選舉正》疏證（第五冊）

作　　者　范志新
主　　編　潘美月、杜潔祥
總 編 輯　杜潔祥
副總編輯　楊嘉樂
編輯主任　許郁翎
編　　輯　張雅淋、潘玟靜、劉子瑄　美術編輯　陳逸婷
出　　版　花木蘭文化事業有限公司
發 行 人　高小娟
聯絡地址　235 新北市中和區中安街七二號十三樓
　　　　　電話：02-2923-1455／傳真：02-2923-1452
網　　址　http://www.huamulan.tw 信箱 service@huamulans.com
印　　刷　普羅文化出版廣告事業
初　　版　2022 年 3 月
定　　價　三四編 51 冊（精裝）台幣 130,000 元

陳景雲《文選舉正》疏證
（第五冊）

范志新　著

目

次

第五冊

文選卷二十二 ……………………………………………… 813

 招隱詩二首　左太沖 …………………………………… 813

 反招隱詩一首　王康琚 …………………………………… 814

 南州桓公九井作一首　殷仲文 ………………………… 814

 遊西池一首　謝叔源 …………………………………… 816

 泛湖歸出樓中翫月一首　謝惠連 ……………………… 816

 從遊京口北固應詔一首　謝靈運 ……………………… 817

 晚出西射堂一首　謝靈運 ……………………………… 818

 登池上樓一首　謝靈運 ………………………………… 819

 遊南亭一首　謝靈運 …………………………………… 820

 遊赤石進帆海一首　謝靈運 …………………………… 821

 石壁精舍還湖中作一首　謝靈運 ……………………… 822

 從斤竹澗越嶺溪行一首　謝靈運 ……………………… 823

應詔觀北湖田收一首　顏延年 ·············· 823

車駕幸京口侍遊蒜山作一首　顏延年 ·········· 825

車駕幸京口三月三日侍遊曲阿後湖作一首

　顏延年 ····························· 828

從冠軍建平王登廬山香鑪峯一首　江文通 ······ 829

鍾山詩應西陽王教一首　沈休文 ·············· 831

宿東園一首　沈休文 ······················· 834

遊沈道士館一首　沈休文 ···················· 835

古意詶到長史漑登琅邪城詩一首　徐敬業 ······ 837

文選卷二十三 ···························· 839

詠懷詩十七首　阮嗣宗　顏延年、沈約等注 ······ 839

秋懷詩一首　謝惠連 ······················· 848

臨終詩一首　歐陽堅石 ····················· 850

幽憤詩一首　嵇叔夜 ······················· 851

七哀詩一首　曹子建 ······················· 862

七哀二首　王仲宣 ························· 862

七哀詩二首　張孟陽 ······················· 863

悼亡詩三首　潘安仁 ······················· 867

盧陵王墓下作一首　謝靈運 ·················· 868

拜陵廟作一首　顏延年 ····················· 873

出郡傳舍哭范僕射一首　任彥昇 ·············· 876

贈蔡子篤詩一首　王仲宣 ···················· 883

贈士孫文始一首　王仲宣 ···················· 885

贈文叔良一首　王仲宣 ····················· 888

贈五官中郎將四首　劉公幹 ·················· 892

贈從弟三首　劉公幹 ······················· 894

文選卷二十四 ···························· 897

贈徐幹一首　曹子建 ······················· 897

贈丁義一首　曹子建 ······················· 899

又贈丁儀王粲一首　曹子建 ·················· 901

贈白馬王彪一首　曹子建 ···················· 903

贈丁翼一首　曹子建 ······················· 907

贈秀才入軍五首　嵇叔夜 ···················· 907

贈山濤一首　司馬紹統 ……………………………… 911

答何劭二首　張茂先 …………………………………… 912

贈張華一首　何敬祖 …………………………………… 914

贈馮文（熊）［羆］遷斥丘令一首　陸士衡 ……… 915

答賈長淵一首並序　陸士衡 ………………………… 916

於承明作與士龍一首　陸士衡 ……………………… 920

贈尚書郎顧彥先二首　陸士衡 ……………………… 921

贈顧交阯公真一首　陸士衡 ………………………… 921

贈從兄車騎一首　陸士衡 …………………………… 922

答張士然一首　陸士衡 ……………………………… 922

為顧彥先贈婦二首　陸士衡 ………………………… 923

贈馮文（熊）［羆］一首　陸士衡 ………………… 926

贈弟士龍一首　陸士衡 ……………………………… 926

為賈謐作贈陸機一首　潘安仁 ……………………… 927

贈陸機出為吳王郎中令一首　潘正叔 …………… 931

贈河陽一首　潘正叔 ………………………………… 935

文選卷二十五 ………………………………………… 937

贈何劭王濟一首　傅長虞 …………………………… 937

為顧彥先贈婦二首　陸士龍 ………………………… 939

答兄機一首　陸士龍 ………………………………… 941

答張士然一首　陸士龍 ……………………………… 943

答盧諶詩一首　劉越石 ……………………………… 945

重贈盧諶一首　劉越石 ……………………………… 952

贈劉琨一首　盧子諒 ………………………………… 952

贈崔溫一首　盧子諒 ………………………………… 960

答魏子悌一首　盧子諒 ……………………………… 961

答靈運一首　謝宣遠 ………………………………… 964

於安城答靈運一首　謝宣遠 ………………………… 965

西陵遇風獻康樂一首　謝惠連 ……………………… 969

還舊園作見顏范二中書一首　謝靈運 …………… 972

登臨海嶠初發疆中作與從弟惠連見羊何共和之
一首　謝靈運 ………………………………………… 976

酬從弟惠連一首　謝靈運 …………………………… 978

文選卷二十六 ······ 981

贈王太常一首 顏延年 ······ 981

夏夜呈從兄散騎車長沙一首 顏延年 ······ 983

直東宮答鄭尚書一首 顏延年 ······ 984

和謝監靈運一首 顏延年 ······ 985

答顏延年一首 王僧達 ······ 986

郡內高齋閑坐答呂法曹一首 謝玄暉 ······ 987

在郡臥病呈沈尚書一首 謝玄暉 ······ 987

暫使下都夜發新林至京邑贈西府同僚一首
謝玄暉 ······ 989

奉答內兄希叔一首 陸韓卿 ······ 990

贈張徐州謖一首 范彥龍 ······ 995

古意贈王中書一首 范彥龍 ······ 998

贈郭桐廬出溪口見候余既未至郭仍進村維舟久之
郭生方至一首 任彥昇 ······ 999

河陽縣作二首 潘安仁 ······ 999

在懷縣作二首 潘安仁 ······ 1005

迎大駕一首 潘正叔 ······ 1008

赴洛二首 陸士衡 ······ 1009

赴洛道中作二首 陸士衡 ······ 1010

辛丑歲七月赴假還江陵夜行塗口一首 陶淵明 ··· 1012

永初三年七月十六日之郡初發都一首 謝靈運 ··· 1014

過始寧墅一首 謝靈運 ······ 1017

富春渚一首 謝靈運 ······ 1017

七里瀨一首 謝靈運 ······ 1019

初去郡一首 謝靈運 ······ 1020

初發石首城一首 謝靈運 ······ 1021

道路憶山中一首 謝靈運 ······ 1023

入彭蠡湖口一首 謝靈運 ······ 1024

入華子崗是麻源第三谷一首 謝靈運 ······ 1025

文選卷二十二

招隱詩二首　　左太沖

（經始）前有寒泉井　注：《周易》曰：井洌寒泉。

【陳校】

　　注「寒泉」下，脫「食」字。

【集說】

　　胡氏《考異》曰：注「井洌寒泉」。何校「泉」下添「食」字。陳同。各本皆脫。

　　梁氏《旁證》同胡氏《考異》。

【疏證】

　　奎本以下諸六臣合注本、尤本悉脫。謹案：語見《周易注疏·娣》：「井洌寒泉食」注：「洌，潔也。居中得正，體剛不撓；不食不義，中正高潔，故井洌寒泉，然後乃食也」。正有「食」字。《記纂淵海》卷八引同。毛本當誤從尤本等，陳、何據《周易》補，是也。

反招隱詩一首　　王康琚

鶗鴂先晨鳴　　注：《楚辭》曰：鶗鴂朝唽而悲鳴

【陳校】

　　注「朝唽」。「朝」，作「嘲」。

【疏證】

　　奎本以下諸六臣合注本、尤本悉作「嘲唽」。謹案：語見《楚辭章句·九辯》作「喌唽」，《楚辭補注》、《楚辭集注》同。《白孔六帖》卷九十四「嘲唽」注引《楚辭》作「嘲唽」，同善注。檢《說文新附》：「嘲，從口，朝聲。《漢書》通用喌。」則「喌唽」與「嘲唽」同。「嘲」由「朝」得聲，則「朝」、「嘲」字得通，毛本作「朝」，抑或有所本。陳校蓋從尤本等，然未必改毛本焉。

周才信眾人　　注：《傅子》曰：君子周才難。

【陳校】

　　注「《傅子》」。「傳」，作「傅」。

【疏證】

　　奎本以下諸六臣合注本、尤本悉作「傅」。謹案：《傅子》，見《隋書·經籍志三》：「《傅子》百二十卷。」注：「晉司隸校尉傅玄撰」。本書屢見援用，如盧子諒《贈劉琨》「故吏從事中郎盧諶」注等，凡六、七見。此處毛本獨因形近致譌，陳校當據《隋書》、本書內證、尤本等正之。

南州桓公九井作一首　　殷仲文

殷仲文　　注：檀道鸞《晉陽秋》曰。

【陳校】

　　「《晉陽秋》」上，當有「續」字。

【集說】

　　胡氏《考異》曰：注「檀道鸞《晉陽秋》曰」。陳云：「晉上，當有續字。」是也，各本皆脫。餘同此，不悉出。

梁氏《旁證》曰：陳校「晉」上添「續」字。餘倣此。

【疏證】

奎本以下諸六臣合注本、尤本悉脫。謹案：本書謝靈運《還舊園作——》、任彥昇《天監三年策秀才文》、殷仲文《解尚書表》、任彥昇《王文憲集序》注引同脫「續」字。不備引。檀書見《隋書・經籍志二》：「《續晉陽秋》二十卷」注：「宋永嘉太守檀道鸞撰。」毛本當誤從尤本等，陳校當據《隋志》、本書內證等正之。

哲匠感蕭晨，肅此塵外軫　注：匠，謂桓玄也。……鄭玄《考工記注》曰：軫，輿橫木也。

【陳校】

注「匠，謂桓玄」。「匠」上，脫「哲」字。又「輿橫木」。「輿」下，脫「後」字。

【集說】

余氏《音義》曰：「軫輿」下，何增「後」字。

【疏證】

奎本以下諸六臣合注本、尤本悉無「哲」字、有「後」字。謹案：「哲」字之脫，但觀正文可斷。鄭注，見《周禮注疏・冬官・考工記》，正作「軫，輿後橫木」云。毛本脫「哲」，當誤從尤本等；「後」字，傳寫獨奪。陳校當從《周禮》、尤本等補之。「輿」下脫「後」字，亦前胡《考異》漏錄、漏校例。

伊余樂好仁　注：《左氏傳》曰：族穆子曰：韓氏起也。與田蘇遊而自好仁。

【陳校】

注「族穆子」。「族」上，脫「公」字。「韓氏起也」。「韓氏」作「請立」。又「自好仁」。「自」，作「曰」。

【集說】

胡氏《考異》曰：注「《左氏傳》曰：族穆子曰。」案：上「曰」字當作「公」。各本皆譌。

【疏證】

　　奎本以下諸六臣合注本、尤本脫「公」字、作「請立」、「曰」。謹案：語見《春秋左傳注疏・襄公七年》，正有「公」字、作「請立」、作「曰」。然按善注引書用「曰」字例，此處「傳」下，不得有「曰」字，故前胡「曰」字改「公」，最是。毛本脫「公」字，蓋誤從尤本等；「韓氏」及「自」之譌，蓋傳寫而誤，陳校當據《左傳》以正毛本，亦有疏漏。

遊西池一首　　謝叔源

有來豈不疾，良遊常蹉跎　　注：《楚辭》曰：驥垂兩耳〔兮〕，中取蹉跎。

【陳校】

　　注「中取蹉跎」。「取」，作「坂」。

【集說】

　　余氏《音義》曰：「中取」。「取」，何改「坂」字。又曰：「有來，五臣無此二句」。

【疏證】

　　奎本以下諸六臣合注本、尤本悉作「坂」。謹案：五臣正德本、陳本無「良遊常蹉跎」二句。奎本等六臣合注本悉有校云：五臣本「無此二句。」《藝文類聚》卷九十四、《太平御覽》卷九百一引亦作「坂」。《楚辭》，見《九懷・株昭》，字正作「坂」。毛本獨傳寫偶譌，陳、何校當據《楚辭》、尤本等正之。

泛湖歸出樓中翫月一首　　謝惠連

晤言不知罷　　注：《毛詩》曰：彼美淑姬，可與晤言。鄭玄曰：晤，對也。悟，與晤同，古字通。

【陳校】

　　「晤言不知罷。」「晤」，作「悟」。

【疏證】

　　尤本作「悟」，五臣正德本及陳本、奎本以下諸六臣合注本作「晤」。謹

案：郭氏《九家集注杜詩・朝雨》詩引謝詩亦作「悟」。五臣作「晤」，向注可證。善本作「悟」，善注已明。《毛詩》，見《東門之池》篇，並鄭注確作「晤」。善注云「悟，與晤同」，正謂正文作「悟」，與《毛詩》之「晤」同爾。五臣乃據善此注，遂改文作「晤」，以求異善本。奎本失著校語，諸六臣合注本同。毛本蓋以五臣亂善。陳校則據尤本並注正之，是也。

從遊京口北固應詔一首　謝靈運

事為名教用　注：《三國名臣頌序》曰：名教事物也。

【陳校】

注「名教事物」。「事」，作「束」。

【集說】

梁氏《旁證》曰：毛本「束」譌作「事」。

【疏證】

奎本以下諸六臣合注本、尤本悉作「束」。謹案：《三國名臣頌序》，載在本書，正作「束」。毛本獨因形近或涉正文而譌，陳校當據本書內證、尤本等正之。

遠巖映蘭薄，白日麗江皋　注：《楚辭》曰：朝馳騖兮蘭薄戶樹，瓊木籬些。……《楚辭》曰：朝騁騖兮江皋。

【陳校】

注前「朝馳騖兮」四字，衍。

【集說】

胡氏《考異》曰：注「朝騁騖兮」。何校去此四字。陳曰云云。案：各本皆涉下而誤也。

梁氏《旁證》曰：何校去此四字，蓋因下引《楚辭》而誤也。

【疏證】

奎本以下諸六臣合注本、尤本衍同。謹案：「蘭薄戶樹」語，見《楚辭章句・招魂》，並無「朝騁騖兮」四字，本書載《招魂》同。前胡「涉下而誤」

說，是也。毛本蓋誤從尤本等，陳、何當據本書內證、《楚辭》、上下文義等正之。

晚出西射堂一首　謝靈運

連障疊巘崿　注：《爾雅》曰：山正，郭。

【陳校】

注「山正，郭。」「山」，作「上」。

【集說】

胡氏《考異》曰：注「山正郭」。陳曰云云。各本皆譌。案：此《釋山》文。今《爾雅》云：「上正，章。」「章」、「郭」同字也。

梁氏《旁證》曰：今《爾雅》作「上正，章。」「郭」與「章」通。「山」字誤也。

【疏證】

奎本以下諸六臣合注本、尤本悉同。謹案：依陳、前胡等，據今本《爾雅》正善注，則毛本當誤從尤本等，余按《爾雅·釋山》作：「上正，章」，注：「山，上平」。疏：「正，猶平也。言山形上平者，名章。」「山」字，疑涉下《釋山》注文而誤，抑或此經李善改寫，增「山」字（因出《釋山》篇）以助讀者，而傳寫者脫「山」下之「上」字歟？然清朱士端《彊識篇》卷二「《文選注》引《爾雅》勝今本」條，則云：「謝靈運詩『連障疊巘崿』注：『《爾雅》曰：山正，郭。』按今《爾雅》本作『上正章』者，疑是《釋丘》『上正章丘』重出之文。此注所引『山正，郭』較是。」《續修四庫全書》本。朱說則以選注不誤，若然，則毛本及上諸《文選》本並不誤。錄此備考。

幽獨賴鳴琴　注：《琴賦》曰：處窮孤而不悶者，莫近於音聲也。

【陳校】

注「處窮孤」。「孤」，作「獨」。

【疏證】

奎本以下諸六臣合注本、尤本悉作「獨」。謹案：嵇叔夜《琴賦》載在本書，正作「獨」。正文「獨」字，亦可佐證當作「獨」。毛本當傳寫而譌，陳校

當據本書內證、尤本等正之。

登池上樓一首　謝靈運

薄霄愧雲浮　注：王逸《楚辭注》曰：泊，止也。薄與泊同，古字通。

【陳校】

　　注引「王逸《楚辭注》」。按：「薄霄」，與《楚辭》「薄天」同義。薄，附也。今所引未合。

【疏證】

　　奎本以下諸六臣合注本、尤本悉同。謹案：《楚辭》「薄天」，一見《哀郢》「堯舜之抗行兮，瞭杳杳而薄天」，再見於《九辯》「堯舜之抗行兮，瞭冥冥而薄天。」王逸皆無注。而《涉江》「腥臊並御，芳不得薄兮」，《招魂》「蘭薄戶樹」，並有王逸注「薄，附也。」今本《楚辭章句》未見王逸有「泊，止也」之注。或李善所見本與今本不同。然釋「薄」為「止」，與為「附」，其義亦近。然則，善注未必誤，陳氏正不必拘泥。

臥痾對空林

【陳校】

　　下脫「衾枕昧節候，褰開暫窺臨」二句。

【集說】

　　余氏《音義》曰：「空林」。六臣下有「衾枕昧節候，褰開暫窺臨」二句，注曰：「善無」。

　　孫氏《考異》曰：五臣本有「衾枕昧節候，褰開暫窺臨」二句。何云：「有此二句，氣脈始屬。」

　　胡氏《考異》曰：「傾耳聆波瀾。」此句上，袁本、茶陵本有「衾枕昧節侯，褰開暫窺臨」，云：「善無此兩句。」何校添，陳同。案：詳文義當有，各本所見，或傳寫脫之也。

　　梁氏《旁證》曰：「臥痾對空林。」六臣本此下有「衾枕昧節候，褰開暫窺臨」二句。何、陳皆據之校添，是也。

　　姚氏《筆記》曰：何云「空林」下，五臣有「衾枕昧節候，褰開暫窺臨」

二句。

胡氏《箋證》曰：「臥痾對空林。」六臣本校云「善無此句」。《旁證》云：「何、陳皆據之校添，是也。」

許氏《筆記》曰：本或於「空林」下有「衾枕昧節候，褰開暫窺臨」。六臣本云「善本無此二句」。嘉德案：六臣茶陵、袁本皆有二句，何云「有此二句，氣脈始屬。」陳校亦增此二句。胡云：「詳文義當有」云云。今補入。

黃氏《平點》曰：據別本有「衾枕昧節候，褰開暫窺臨」二句。此十字必不可脫，否則「池塘」、「春草」亦凡語耳，何勞「神助」乎？

【疏證】

尤本無「衾枕」二句。五臣正德本、陳本有「衾枕」二句，奎本以下諸六臣合注同，並有校云：「善本無此兩句」。謹案：《藝文類聚》卷二十八、真德秀《文章正宗》卷二十二下亦無「衾枕」二句。《方輿勝覽·瑞安府·永嘉》「堂亭西堂」注引有此二句。毛本脫當從尤本。陳、何校補、前胡「詳文義當有，各本所見，或傳寫脫之也」、諸家說並主當有，是也。

遊南亭一首　謝靈運

旅館眺郊岐　注：杜預《左氏傳注》曰：旅，客會也。

【陳校】

注「客會也」。「會」字衍，或「舍」字之誤。

【集說】

余氏《音義》曰：「客會」。「會」，何改「舍」。

胡氏《考異》曰：注「旅客會也。」何校「會」改「舍」。陳同，是也。各本皆譌。

梁氏《旁證》同胡氏《考異》。

【疏證】

奎本以下諸六臣合注本、尤本悉同。謹案：語見《春秋左傳注疏·莊公二十二年》：「敬仲辭曰：羈旅之臣」杜預注：「旅，客也。」又，《春秋左傳注疏·僖公二年》「今虢為不道，保於逆旅」注：「逆旅，客舍也。」然則，「旅」，當作「客」，「逆旅（或注作「旅館」）」，始得當「客舍」也。善注本條既作「旅」，

則所引蓋《莊公二十二年》條杜注，何校所據為《僖公二年》條，何校作「客舍」，仍衍一「舍」字。陳校刪「會」字，方是；或說，則同何校，亦誤矣。舊作《何校集證》疑何校而未得其諦耳。

遊赤石進帆海一首　謝靈運

掛席拾海月　注：《海賦》：維長絹，掛航席。

【陳校】

　　注「維長絹，掛航席。」「絹」，作「綃」、「航」，作「帆」。

【集說】

　　胡氏《考異》曰：注「維長絹」。陳云：「絹，當作綃。」是也，各本皆譌。

　　梁氏《旁證》曰：陳校「絹」改「綃」。是也，各本皆誤。

【疏證】

　　奎本以下諸六臣合注本、尤本悉誤「絹」、作「帆」。謹案：本書《海賦》正作「綃」、「帆」，《初學記》卷六「晉木玄虛《海賦》」注引同，《九家集注杜詩·詠懷二首》「終當挂帆席」注引「選文」亦同。毛本「絹」，當誤從尤本等；「航」，則傳寫獨譌也。《海賦》及其善注：「綃，今之帆綱也。」此當陳校所從正毛本者也。

請附任公言　注：《莊子》曰：子其意者，飭智以驚愚。

【陳校】

　　注「飭智」。「飭」，作「飾」。

【集說】

　　余氏《音義》曰：「飭智」。「飭」，何改「飾」字。

【疏證】

　　贛本、建本同。奎本、明州本、尤本作「飾」。謹案：語見《莊子·山木》，字正作「飾」，《藝文類聚》卷四十、《太平御覽》卷五百六十一引同。本書江文通《詣建平王上書》「退不飾詩書以驚愚」注、范蔚宗《逸民傳論》「異夫飾

智巧以逐浮利者乎」引《淮南子》並作「飭智以驚愚。」然「飭」為「飾」之借字。《說文通訓定聲‧頤部》：「飭，叚借為飾。」《呂氏春秋‧先己》：「子女不飭」高誘注：「不文飾。」畢沅校正：「飭，與飾通。《御覽》二百七十九作飾。」皆其證。毛本原作「餝」，余氏逕改作「飭」。蓋「飭」與「餝」同。陳、何校當依《莊子》、尤本等改，然「飭」、「飾」不涉五臣與善之異，不必改也。

石壁精舍還湖中作一首　謝靈運

題下注：精舍，今讀書齋是也。

【陳校】

注「今讀書齋」。按，劉夢得詩「卻為精舍讀書人」，本此。

【疏證】

奎本以下諸六臣合注本、尤本悉同。謹案：劉詩，見《劉賓客文集‧送李庚先輩赴選》詩。此陳氏踵吳中前輩選家如錢陸燦開啟之「證選」一路，而大其堂廡焉。

寄言攝生客　注：《老子》曰：善攝生者不善。《左氏傳》：劉子曰：民受天地之中以生，所為命〔也〕。

【陳校】

注「不善」。「善」，作「然」。「為命」。「為」，作「謂」。

【集說】

胡氏《考異》曰：注「所為命」，陳云：「為，當作謂。」是也，各本皆譌。

梁氏《旁證》曰：陳校「為」改「謂」。是也，各本皆誤。

【疏證】

奎本、贛本作「然」、「謂」。明州本、尤本、建本作「然」、「為」。謹案：《老子》，見《貴生》篇，作：「蓋聞善攝生者，陸行不遇兕虎，入軍不避甲兵，兕無所投其角，虎無所措其爪，兵無所容其刃。夫何故？以其無死地。」善注「不」下加一「然」字，即以之概括取代「陸行遇兕虎，入軍避甲兵」

諸險境，「不然」也者，即是自然遠避，咒虎不犯也。毛本不解此意，復因音近譌作「善」字，陳校當據《老子》及尤本等正之。劉子，劉康公，王季子。劉子語，字正作「謂」，見《春秋左傳注疏・成公十三年》並杜注。《漢書・律曆志上》：「《傳》曰：民受天地之中以生，所謂命也。」亦作「謂」。然「為」，與「謂」通。《經傳釋詞》卷二：「家大人說：為，猶謂也。」《墨子・公輸》：「宋所為無雉兔狐貍者也。」孫詒讓《閒詁》云：「為，《宋策》作謂，字通」。並是其證。本條非五臣與善注之異，故毛本作「為」亦得，陳不改可也。

從斤竹澗越嶺溪行一首　謝靈運

過澗既厲急　注：《毛詩》曰：深則厲。毛萇曰：以衣涉木為厲。

【陳校】

　　注「以衣涉木」。「木」，作「水」。

【疏證】

　　奎本以下諸六臣合注本、尤本悉作「水」。謹案：語見《毛詩注疏・邶風・匏有苦葉》傳正作「水」。此毛本獨因二字形近傳寫而譌，陳校當據《毛詩》、尤本等正之。

應詔觀北湖田收一首　顏延年

清蹕巡廣廛　注：《漢儀注》曰：皇帝輦動，則出傳蹕。

【陳校】

　　注「則出」，二字乙。

【疏證】

　　奎本以下諸六臣合注本、尤本悉作「出則」。謹案：語見《漢書・文三王傳》「出稱警，入言蹕」注引「《漢儀注》曰：皇帝輦動，左右侍帷幄者，稱警。出殿則傳蹕，止人清道也」，本書顏延年《赭白馬賦》「扶護警蹕」注引同。毛本獨傳寫而倒，陳校當據《漢書》、本書內證、尤本等乙正之。

爭光溢中天　注：《列子》曰：穆王築臺之號曰中天之臺。

【陳校】

　　注「築臺之號」。「之」字衍。

【疏證】

　　奎本以下諸六臣合注本、尤本悉無「之」字。謹案：語見《列子‧周穆王》，「號」上正無「之」字。本書班孟堅《西都賦》「樹中天之華闕」注、《魏都賦》「周軒中天」注、曹子建《贈徐幹》「迎風高中天」注、謝靈運《會吟行》「層臺指中天」注、張景陽《七命（大夫曰蘭宮）》「秀出中天」注引並同。此毛本獨涉下文而衍，陳校當據《列子》、本書內證、尤本等正之。

息饗報嘉歲　注：《禮記》曰：歲十二月，合聚萬物而索饗之。黃衣黃冠，息田人也。

【陳校】

　　注「息田人」。「人」作「夫」。

【疏證】

　　奎本以下諸六臣合注本、尤本悉作「夫」。謹案：語見《周禮注疏‧籥章掌土鼓》，字正作「夫」。此毛本獨傳寫而譌，陳校當據《周禮》、尤本等正之。

溫渥浹輿隸　注：《左氏傳》曰：人有十等：皂臣輿。輿臣隸。

【陳校】

　　注「皂臣輿」。「輿」，作「輿」。

【疏證】

　　奎本以下諸六臣合注本、尤本悉作「輿」。謹案：語見《春秋左傳注疏‧昭公七年》「人有十等」注，正作「輿」，本書劉孝標《辯命論》「此則宰衡之與皂隸」注引同，而沈休文《奏彈王源》「同穴於輿臺之鬼」注引則亦誤「與」。《國語‧鄭語》「合十數以訓百體」韋昭注亦重「輿」字。但據下文「輿臣隸」作「輿」，及本書張景陽《七命》「輿臺笑短後之服」注引「《左氏傳》曰：人有十等：皂臣僕，僕臣臺」，並可為當重「輿」之佐證。毛本獨形近而譌，陳校當據《左傳》、本書內證、上下文義、尤本等正之。

取累非繮牽　注：《戰國策》：……王良子弟駕千里之馬，遇京父于弟子曰。

【陳校】

　　注「于弟子」。「于」，作「之」。

【疏證】

　　奎本以下諸六臣合注本、尤本悉作「之」。謹案：語見《戰國策・韓策三》，字正作「之」，本書張茂先《勵志詩》「繮牽之長」注引作「過京父之弟子」，亦作「之」。此毛本獨譌。陳校當據《戰國策》、本書內證、尤本等正之。

車駕幸京口侍遊蒜山作一首　　顏延年

巖險去漢夷　注：言巖險之固，去彼漢宇。

【陳校】

　　「夷」，「宇」誤。

【集說】

　　孫氏《考異》曰：「巖險去漢宇」。「宇」誤「夷」。

【疏證】

　　五臣正德本及陳本、奎本、明州本、尤本、建本作「宇」。贛本作「字」。謹案：元・方回《文選顏鮑謝詩評》作「夷」。「宇」與下「襟衛徙吳京」之京亦對偶。據注，亦可證文當作「宇」。《詩評》、毛本作「夷」，殆因音近而誤。贛本譌「字」蓋緣形近。陳校改「字」，當從贛本，非也。

衿衛徙吳京　注：言……衿帶周圍，徙此吳京。宋都吳也，故曰吳京也。……《吳都賦》曰：山川不足以周衛。

【陳校】

　　注「周圍」。「圍」，「衛」誤。「宋都吳也。」「也」，「地」誤。又：京口，一名京。起自孫吳之世，因依山築壘。取《爾雅》「絕高為京」義耳。自吳及宋，皆非建都此地。注誤。

【疏證】

奎本以下諸六臣合注本、尤本悉作「衛」、「地」。謹案：毛本作「圍」，蓋因音近而誤，本書《吳都賦》正作「衛」。陳校當從本書內證、尤本等正之。「吳也」，當作「吳地」，陳據上下文義可正，毛本「也」字，蓋涉下文而譌。本條，陳校兼考京口非自吳及宋建都之地，亦確。

誕曜應辰明　注：《尚書》曰《洪範・五行傳》曰：辰星者，北方水精也。

【陳校】

注「《尚書》曰」。「曰」字衍。

【集說】

胡氏《考異》曰：注「《尚書》曰《洪範・五行傳》曰」，陳曰云云。是也，各本皆衍。

梁氏《旁證》曰：陳校去上「曰」字。各本皆衍。

【疏證】

奎本以下諸六臣合注本、尤本悉衍。謹案：語見清・孫之騄輯《尚書大傳》卷二，注作「選注」。《唐開元占經・辰星占一》引作「《洪範・五行傳》曰」云云。《洪範》，《尚書》篇名，中間不得有「曰」字，本書左太沖《蜀都賦》「雖星畢之滂沱」注、《魏都賦》「雖星有風雨之好」注引「《尚書・洪範》」，中間並無「曰」字，可證。此獨毛本涉下文而衍，陳校正之，是也。

巡駕市舊坰

【陳校】

「市」，「匝」誤。

【集說】

孫氏《考異》曰：「帀」，誤「市」。

顧按：此「市」字，誤。

姚氏《筆記》曰：「市」，何改「匝」。

許氏《筆記》曰：「市」當作「帀」。嘉德案：「帀」，周帀也。形相似而譌作「市」。

【疏證】

贛本同。五臣正德本、奎本、明州本、尤本、建本作「帀」。五臣陳本作「市」。謹案：「帀」，「匝」之俗寫。《太玄真一本際經・聖行品》：「右邊七帀，於地長跪」《敦煌・法藏》本第2170頁。可證。陳、何校亦得。五臣陳本作「市」，乃形近「帀」之誤，贛本、毛本作「市」乃「市」之譌，誤中之誤矣。

蘭野茂梯英

【陳校】

「梯」，「稊」誤。

【集說】

梁氏《旁證》曰：「稊」，或作「荑」。案：《易・大過》：「枯楊生稊」王輔嗣注：「楊之秀也。」鄭注作「荑，木更生也。」

薛氏《疏證》曰：謝靈運《從游京口北固應詔詩》「原隰荑綠柳」注《大戴禮・夏小正》曰：『正月柳梯。梯者，發孚也。』荑與稊，音、義同。」案：劉越石《勸進表》：「則所謂生繁華於枯荑」注「《易》曰：『枯楊生稊。』王弼曰：『稊者，楊之秀。』稊與荑通。」宋玉《風賦》「被荑楊」注曰：「《易》曰：『枯楊生稊。』（楊）〔王〕弼曰：『稊者，楊之秀也。』稊與荑同。徒奚切。」按：《周易》釋文：「稊，徒稽反。鄭作荑。」尤「稊、荑」通用之證。

胡氏《箋證》曰：六臣本作「荑」，校云：善作「稊」。按：本書《從游京口北固應詔詩》「原隰荑綠柳」注「荑與稊，音義同。」《風賦》「被荑楊」，《勸進表》「生繁華於枯夷」注並云「荑與稊同」，是善本皆作「荑」，不作「稊」。

【疏證】

尤本作「稊」。五臣正德本作「荑」，奎本同，有校云：善作「稊」。明州本、贛本、建本作「荑」，校語善作「稊」，五臣陳本並校同，當從建本改。謹案：此本五臣作「荑」，銑注可證。善作「稊」。五臣作「荑」者，以求異善注耳。荑，與稊實同，薛氏《疏證》已引本書謝詩注等「通用之證」。洪氏《讀書叢錄》卷十一「荑稊不同」條，亦同薛說，云：「謝靈運《從游京口北固應詔詩》『原隰荑綠柳』，李注《大戴禮・夏小正》曰：『正月柳稊。稊者，發孚也。荑與稊，音、義同。』案：《詩・靜女》『自牧歸荑』，傳：『荑，茅之始生也。』凡草本之初生，通名曰荑。《說文》無稊字，通作薙，《爾雅・釋草》：

『蘦芺』，郭璞注：『蘦似稗布地生穢草。』蘬、稊不同，古字多通用。《夏小正》『柳稊』，是借蘬為稊也。《孟子·告子上》『不如蘬稗』，是借蘦為蘬也。」謹又案：「梯」與「稊」亦同。《大戴禮·夏小正》「柳稊」，一作「柳梯」，又曰：「榮芸時有見梯始收，有見梯而後始收，梯者所為豆實。」清·王聘珍《大戴禮記解詁》則二「梯」並作「稊」。是其證。然則，毛本「梯」字，蓋亦有所自，陳不改亦得。

空食疲廊肆　注：空食，猶素餐。

【陳校】

　　注「猶素餐」。「餐」下，脫「也」字。

【疏證】

　　奎本以下諸六臣合注本、尤本悉有「也」。謹案：此毛本獨脫。陳據尤本等補，是也。

車駕幸京口三月三日侍遊曲阿後湖作一首　顏延年

人靈騫都野　注：騫、聳，皆驚懼之意也。

【陳校】

　　「人靈騫都野」。「騫」，當作「驚」。

【集說】

　　許氏《筆記》曰：「騫」，當為「驚」，其字从「鳥」。嘉德案：注「騫、聳，皆驚懼之意。」「騫」，當作「驚」。孫曰：「何云：『驚、聳，企望之意。』趙曰：『靈，神也。驚，鼓舞之意，猶云人神胥悅也；聳者，敬聽之意，猶云鳥舞魚躍也。』」

【疏證】

　　奎本以下諸六臣合注本、尤本並注同。宋·蒲積中《歲時雜詠》卷十六引亦從「馬」。《說文通訓定聲·乾部》：「騫，叚借為驚。」《廣雅·釋詁三》：「騫，飛也。」王氏《疏證》本作「驚」。然則，騫與驚實通。且按善注以「驚懼」釋騫、驚字，而馬、鳥並為易驚之物，是與善注並切。此外，本條前胡不取《舉正》，亦見前胡不以陳為然，亦可為是毛本一佐證。毛本當從尤本、六

臣本等，陳校固不必改焉。考盧氏《鍾山札記》卷四「鶱與鶱音義別」條云：「《廣韻》，鶱在《二仙》，訓虧少。一曰馬腹縶。亦姓。鶱在二十二《元》，飛舉皃。兩字音義各別。近代韻書乃於鶱下亦有『飛舉』一訓，大誤。今人詩中多沿其失，或舉正之，率引少陵《寄賈嚴》長律以自解。其詩落句『如公盡雄俊，志在必騰鶱』，亦在《先韻》中用鶱字。吾謂此句必出庸手所妄改。二公在譴謫中而曰『志在必騰鶱』，強作此無聊頌禱語，以相媚悅，其言鄙陋，實應酬之下者，何可以誣少陵？別本作『何事負陶甄』，此則是也，蓋不勝其咨嗟惋惜之情焉。豈若贗本之率直少致乎！近代韻書雖於鶱下闌入『飛舉』一訓，而尚未敢遽增一鶱字於《先韻》中。曾謂律細如杜而詩中既用『張鶱』又用『騰鶱』，自我作古，如是之甚者乎？《夔府詠懷百韻》係先韻，則用『張鶱』，《寄蕭郎中》用元韻，則有『風雅和藹孤鶱』之句，其截然有辨如此。檢香山長律及宋人蘇長公詩皆無混用者。昌黎《陸渾山火》詩用元韻，其『視桃著花可小鶱』，字當從鳥。上句云『藏蹲』，『騰舉』之與『潛藏』正相為對，而俗閒本乃反誤從馬。讀者慎勿為俗本所惑可也。」謹案：盧以「鶱與鶱音義別」說雖精細，然鶱、鶱二字用通，自來已久。即如盧所舉昌黎《陸渾山火》詩「視桃著花可小鶱」。宋‧王伯大《別本韓文考異》字從馬，廖瑩中《東雅堂昌黎集註》卷四，同。又檢得魏氏《五百家注昌黎文集‧一壺情所寄四句——》「挾勢欲騰鶱」，字亦從馬。若依盧說，魏用「騰鶱」字，亦當從鳥。然今三家並從馬。魏王二本詩雖不同，然文注並同，注並載別本：「鶱，一作鶱。」廖本文雖同王本，則已去注。並是宋人從馬從鳥字混用之證矣。

從冠軍建平王登廬山香鑪峯一首　江文通

此山具鸞鶴　注：張僧鑒《豫州記》曰：洪井西有鸞岡。

【陳校】

　　注「《豫州記》」。「州」，「章」誤。

【集說】

　　胡氏《考異》曰：注「張僧鑒《豫州記》曰。」陳曰云云。是也，各本皆譌。

　　梁氏《旁證》同胡氏《考異》。

【疏證】

奎本以下諸六臣合注本誤同。尤本作「章」。謹案：本書江氏《別賦》「驂鸞騰天」注引作「章」，此當尤本所據。毛本當誤從建本等，陳本蓋從尤本正之。

往來盡仙靈　注：東方朔《十洲記》曰：崑崙山……其北戶出城淵山，西王母之所治，真官山靈之所宗也。

【陳校】

「其北戶出城淵山。」「城」，「承」誤。又「真官山靈」。「山」，「仙」誤。

【集說】

余氏《音義》曰：「城淵」、「山靈」，「城」，何改「承」、「山」，改「仙」。

【疏證】

奎本以下諸六臣合注本、尤本悉作「承」、作「仙」。謹案：語見《海內十洲記》，字正作「承」、作「仙」，《水經·河水注》引同，沈氏《水經注集釋訂訛》卷一「其北戶出」注：「(《十洲記》)朱本『出』下，有『承淵山』三字。」亦作「承」。毛本分別因音近、形近而訛，陳、何校當據尤本、贛本等改。

中坐瞰蜿虹　注：《西京賦》曰：瞰蜿虹之長鬐。

【陳校】

注「瞰蜿虹之長鬐。」「鬐」，作「鬐」。

【疏證】

奎本以下諸六臣合注本、尤本悉作「鬐」。謹案：《西京賦》載在本書，字正作「鬐」，並有「善曰：鬐，渠低切。」唐·段成式《酉陽雜俎·廣知》「魚有睫毛，及目合，腹中自連珠。二目不同，連鱗白鬐，腹下丹字，並殺人。」文淵閣四庫本作「鬐」，方南生點校本校同。「鬐」乃「鬐」之俗字。陳校當據本書內證、尤本等改。

伏思託後旌　注：後旌猶後乘也。

【陳校】

「旌」，「（於）〔旍〕」誤。注同。

【集說】

許氏《筆記》曰：嘉德案：《五經文字》曰：「旌，從生，作旍譌。」見《詠霍將軍北伐詩》「高旍」條。

【疏證】

五臣正德本、奎本、明州本並注同。贛本、建本作「旍」，校云：五臣作「旌」。注誤作「於」。尤本作「旍」，注同。謹案：旍，《廣韻》：「旌，旌旗。《周禮》：析羽為旌。」又，「旍，上同。見《禮》。」《集韻·清韻》：「旌，或作旍。」然則，「旍」與「旌」同。《呂氏春秋·明理》：「有其狀若懸釜而赤其名，曰雲旍」注：「雲氣之象旍旗者。」畢沅注：「旌，與旍同。」是其證。善本作「旍」。五臣作「旌」，濟注可證。五臣蓋求異善本，而作「旌」。奎本等脫校語耳。尤本當從贛本文，而能正其注。毛本以五臣亂善，陳校當據尤本等正之。嘉德引《五經文字》說，非。周鈔「於」，當「旍」之俗字。今正。

鍾山詩應西陽王教一首　　沈休文

地險資嶽靈　注：王隱《晉書》：苟晞曰：淮陽之地……南枕靈嶽。

【陳校】

注「苟（睎）〔晞〕」。「苟」，作「苟」。

【疏證】

奎本以下諸六臣合注本誤同。尤本作「苟」。謹案：「淮陽之地……南枕靈嶽」語，見今《晉書·周馥傳》，此係周馥建策迎天子遷都壽春，與長史吳思、司馬殷識上書中語。《書》云：「今王浚、苟晞共平河朔，臣等勠力以啟南路」，又云：「東海王越與苟晞不協。馥不先白於越而直上書，越大怒」云云。字正作「苟」。可證尤本作「苟」是。陳校蓋從今本《晉書》、尤本等正毛本之失。周鈔誤「睎」，今已正之。

終南表秦觀 注：《史記》曰：始皇表南山巔以為關。《爾雅》曰：觀，謂之闕。戴延之《西征賦》曰：嵩，中嶽也。

【陳校】

注「表南山巔以為關」。「關」，當作「闕」。又「《西征賦》」。「賦」，當作「記」。

【集說】

余氏《音義》曰：「為關」。「關」，何改「闕」。

胡氏《考異》曰：注「戴延之《西征賦》曰」。陳云「賦，當作記。」是也，各本皆譌。

顧氏評校《汪氏文選理學權輿八卷孫氏補一卷》曰：「戴延之《西征賦》」。此當誤。必《西征記》也。陳少章云：「賦，當作記。」最是。王氏《蛾術軒篋存善本書錄‧甲辰稿》卷四，1403頁。

梁氏《旁證》曰：陳校「賦」改「記」。是也，各本皆誤。

【疏證】

奎本並注引《爾雅》作「闕」，不誤。明州本、建本誤「關」，注引《爾雅》不誤。贛本則並注引《爾雅》誤作「關」。尤本誤作「関」，注引《爾雅》不誤。謹案：《史記》語見《秦始皇本紀》，字正作「闕」，《北堂書鈔》卷十四「直抵南山以為闕」注引同。本書潘安仁《西征賦》「疏南山以表闕」注引亦同。觀注引《爾雅》，亦可知字當作「闕」。戴延之《西征記》，奎本以下諸六臣合注本、尤本並誤「賦」。王欣夫以為顧批「考證精確」。

林薄杳蔥青 注：陸機《越洛詩》曰：林薄杳阡眠。

【陳校】

注「《越洛詩》」。「越」，「赴」誤。

【疏證】

奎本以下諸六臣合注本、尤本悉作「赴」。謹案：陸詩載在本書，正作「赴」。毛本獨因形近而譌，陳校當從尤本等正之。

氣與三山壯　注：《漢書》曰：蓬萊、方丈、瀛洲，此三神仙者，仙人在焉。

【陳校】

　　注「三神仙」。「仙」，「山」誤。

【集說】

　　余氏《音義》曰：「神仙者」。「仙」，何改「山」。

【疏證】

　　奎本作「三山」，脫「神」字。明州本、贛本、尤本、建本作「山」。謹案：語見《漢書‧郊祀志上》，正作「三神山」，本書郭景純《遊仙詩（雜縣）》「高浪駕蓬萊」注引同。《史記‧封禪書》亦作「三神山」，《藝文類聚》卷七十八同《史記》。毛本蓋涉下文「仙人在焉」語而誤，陳校當據《漢書》、尤本等正之。

多值息心侶　注：《大灌頂経》曰：息心達本源。

【陳校】

　　注「《大灌頂経》」。「経」，「經」誤。

【集說】

　　余氏《音義》曰：「頂経」。「経」，何改「經」。

【疏證】

　　奎本、贛本、尤本、建本作「經」。明州本誤為向注，亦作「經」。謹案：本書王簡栖《頭陀寺碑文》「息心了義」注引，正作「經」。《大灌頂經》十二卷，見唐‧釋智昇《開元釋教錄》卷三。此毛本獨因形近致譌，陳校當據本書內證、尤本等正之。

所願從之遊　注：《莊子》：魯有瓦者王駘。

【陳校】

　　注「魯有瓦者」。「瓦」，「兀」誤。

【集說】

　　余氏《音義》曰：「瓦者」。六臣「瓦」作「兀」。

【疏證】

建本誤同。奎本、明州本、贛本、尤本作「兀」。謹案：語見《莊子・德充符》，字正作「兀」。陳校蓋從《莊子》、尤本等正之。此二字形近致譌。本條略再見毛本與建本存在某種間接關係。

青霞雜桂旗　注：曹毘《陵園賦》

【陳校】

注「曹毘《陵園賦》。」「陵」，「臨」誤。

【集說】

梁氏《旁證》曰：毛本「臨」誤作「陵」。

姚氏《筆記》曰：「陵」，何改「臨」。

【疏證】

尤本、奎本以下諸六臣合注本悉作「臨」。謹案：本書江文通《恨賦》「鬱青霞之奇意」注引曹毘《賦》作「臨」。陳校當從此注及尤本等改。《文獻通考》卷一百二十九《樂考二》云：「孝武太元中，破苻堅，獲其樂工楊勗等，閑習舊樂，於是四廂金石始備焉。乃使曹毗、王珣等增造宗廟歌詩。」曹毗、王珣等既有「增造宗廟歌詩」，然則，毛本作「陵園」字，亦未必非。

宿東園一首　沈休文

荆扉新且故　注：《殷仲堪誄》曰：荆門盡掩。

【陳校】

注「荊門盡掩。」「盡」，「晝」誤。

【集說】

胡氏《考異》曰：注「荊門盡掩。」陳云：「盡，晝誤。」是也，各本皆譌。

梁氏《旁證》同胡氏《考異》。

【疏證】

明州本、贛本、尤本、建本誤同。奎本作「晝」。謹案：事見《世說新語・

品藻》，云：「故殷作誄云：荊門晝掩，閒庭晏然」，字正作「晝」，本書顏延年《贈王太常》「郊扉常晝閉」注同。毛本當誤從尤本等，陳校當從《世說新語》、本書內證等正之。

茅棟嘯愁鴟　注：杜預《雪詩》曰

【陳校】

　　注「杜預《雪詩》」。「杜」，「任」誤。

【集說】

　　余氏《音義》曰：「杜預」。「杜」，何改「任」。

　　汪氏《權輿》曰：「杜預《雪詩》」注。志祖案：「《宿東園詩》注引。何校改任預。」見《注引群書目錄》。

　　梁氏《旁證》曰：毛本「任」，誤作「杜」。

　　姚氏《筆記》曰：「杜」，何改「任」。

【疏證】

　　奎本以下諸六臣合注本、尤本悉作「任」。謹案：此毛本獨因形近致譌。陳校當據尤本、贛本等正之。任預，宋太尉參軍，撰有《禮論條牒》十卷等。見《隋書‧經籍志一》。「任預」，一作「任豫」。本書張平子《南都賦》「嘉魚出於丙穴」注引「任豫《益州記》曰」云云。《北堂書鈔》卷一百五十六「箕飆振地作」注：「任豫《雪詩》云：箕飆振地作，畢陰駿增高。」《隋書‧經籍志四》又載：「宋奉朝請伍緝之集十二卷」注：「梁有……《任豫集》六卷。亡。」

遊沈道士館一首　　沈休文

遇可淹留處，便欲息微躬

【陳校】

　　「遇可淹留處，便欲息微躬」二句，五臣本無。

【集說】

　　余氏《音義》曰：「遇可」。五臣無此二句。

　　孫氏《考異》曰：二句，五臣本無。

梁氏《旁證》曰：六臣本無此二句。

姚氏《筆記》曰：何云：「五臣無此二句。」

【疏證】

尤本同。贛本、建本同，校云：「五臣無此二句。」五臣正德本、陳本無此二句，奎本、明州本同，有校云：「善本有此二句」。謹案：《藝文類聚》卷七十八、《文章正宗》卷二十二下並有此二句。毛本當從尤本等，陳校蓋備異聞。

竹樹近蒙籠

【陳校】

「籠」，當作「蘢」。

【疏證】

奎本以下諸六臣合注本、尤本悉同。謹案：宋‧施宿等《會稽志》卷二十、《文章正宗》卷二十二下同。《藝文類聚卷》七十八作「蒙蘢」。毛本當從尤本等，陳校或從《藝文類聚》。然「蘢」與「籠」通。《隸釋‧漢梁相孔耽神祠碑》：「放蘢羅之雉，救窮禽之厄。」本書《甘泉賦》「乘雲閣而上下兮，紛蒙籠以棍成」，《漢書‧揚雄傳》同；而宋‧吳曾《能改齋漫錄‧雲閣》引作「蒙蘢」，下有「李善曰：『雲閣，言高連雲也』」云云，則所據當亦《文選》爾。又，本書《天台山賦》「披荒榛之蒙蘢」注引「《孫子》曰：『草樹蒙蘢』」；而《南都賦》「下蒙籠而崎嶇」引《孫子兵法》則曰：「草樹蒙籠」，《鵩鷦賦》「翳薈蒙籠」引《孫子兵法》亦作「籠」。皆其證。然則，陳校不改亦得。

一舉（淩）〔陵〕倒景　注：《漢書》：谷永曰：反言世有仙人服食不終之藥。

【陳校】

注「反言世有仙人」。「反」，「及」誤。

【疏證】

奎本以下諸六臣合注本、尤本作「及」。謹案：語見《漢書‧郊祀志下》，字正作「及」，《文章正宗》卷二十二下注引《漢書》同。《冊府元龜》卷五百二十五及卷五百三十五、《記纂淵海》卷五十三亦有「及」字。此毛本獨因形

近而譌。陳校蓋據《漢書》、尤本等正之。

古意詶到長史溉登琅邪城詩一首　徐敬業

徐敬業　注：何之元《梁典》曰：徐勉弟三息悱，字敬業。

【陳校】

　　注「徐勉弟」。「弟」，「第」誤。

【疏證】

　　明州本同。奎本、贛本、尤本、建本作「第」。謹案：《說文‧弟部》：「弟，韋束之次弟也」。段注：「以韋束物，……引申之為凡次弟之弟、為兄弟之弟、為豈弟之弟。」《墨子‧迎敵祠》：「舉屠酤者，置廚給事，弟之」。畢沅注：「言次第居之。古次第字，只作弟」。《呂氏春秋‧原亂》：「亂必有弟」高誘注：「弟，次也。」畢沅注：「弟，古第字。」毛本佞古，陳校蓋從尤本等，然正不必改焉。

羞取路傍觀　注：《古樂府》曰《日出東南隅行》曰：黃金終馬頭。

【陳校】

　　注「《古樂府》曰」。「曰」字，衍。「黃金終馬頭。」「終」，「絡」誤。

【疏證】

　　奎本以下諸六臣合注本、尤本悉作「絡」。奎本、尤本不衍「曰」字。明州本、贛本、建本衍同。謹案：《玉臺新詠》卷一作《古樂府‧日出東南隅行》名同，「終」作「絡」。《藝文類聚》卷四十一名「古相逢行」，作「絡」。此明州本首衍上「曰」字，以下諸六臣合注本踵之。毛本當誤從建本等，「終」字，毛本獨因形近傳寫而譌，陳校當從《玉臺新詠》、尤本等正之。

文選卷二十三

二十三卷目：嵇叔夜《憤幽詩》一首

【陳校】

「憤幽」，二字當乙。

【疏證】

奎本、明州本、尤本不倒。贛本、建本無卷前目。謹案：嵇氏《幽憤詩》載在本書，上諸本正文題並不倒，本書注十三次引嵇此詩，亦不倒。此毛本刻工偶倒，陳校當據本書內證、尤本等正之。

詠懷詩十七首　　阮嗣宗　　顏延年、沈約等注

（二妃）二妃遊江濱　　注：《列仙傳》曰：江妃二女出遊江濱，交甫遇之。餘與《韓詩內傳》同。已見《南都賦》。

【陳校】

注「韓詩內傳。」「內」，當作「外」。

【集說】

顧按：今《外傳》無此文。

張氏《膠言》曰：「游女弄珠於漢皋之曲。」注引「《韓詩外傳》曰：鄭交甫將南適楚，遵彼漢皋臺下，乃遇二女佩兩珠大如荊鷄之卵。」雲璈按：今

《外傳》無此文，又《江賦》注引《韓詩內傳》云「鄭交甫遵彼漢皋臺下，遇二女，與言曰：『願請子之佩。』二女與交甫。交甫受而懷之，超然而去。十步循探之，即亡矣。迴顧二女，亦即亡矣。」其事較詳。《內傳》散佚，不可得而知也。又《琴賦》注引「《列女傳》：游女漢水神。鄭大夫交甫於漢皋見之，聘之橘柚。」今《列女傳》亦無此文。梁孝廉履繩云：「此出《列仙傳》，《選》注誤以為《列女》也」見《膠言·鄭交甫事》條。

朱氏《集釋》曰：案：張氏《膠言》謂：「今《外傳》無此文……梁氏履繩云：『此出《列仙傳》，《選》注誤也。』」余謂：注未言「漢皋」所在。據《續漢志·南郡·襄陽》下引《耆舊傳》云：「縣西九里有方山。父老傳云：『交甫所見玉女游處，北山之下曲隈是也。』」《水經·沔水下篇》注亦云：「方山北山下水曲之隈，漢女昔游處，故張衡《賦》云云。漢皋，即方山之異名。」然則，漢皋為襄陽地，以其隈曲，故曰曲矣。趙氏一清云：「《初學記》、《太平御覽》引《水經注》並作萬山，《廣韻》、《集韻》万同萬，傳寫遂作方耳。」見《集釋·南都賦》「游女弄珠於漢皋之曲」條。

【疏證】

奎本、尤本同。明州本無「《列仙傳》曰」下至「《南都賦》」二十八字。贛本、建本無「餘與《韓詩內傳》同。已見《南都賦》」十三字，複出《韓詩外傳》，作「《列仙傳》曰……張平子《南都賦》曰……《韓詩外傳》曰……」凡六十六字。毛本當從尤本，陳校改「外」，蓋據贛本，而不能正其失。顧氏祇言「今《外傳》無此文」以質疑陳校，至《考異》，則回避之。朱氏《集釋》說最是，考證名物、地理是彼所長。

諼草樹蘭芳　注：《毛詩》曰：焉得諼草，言樹之昔。

【陳校】

注「言樹之昔」。「昔」，「背」誤。

【疏證】

奎本、明州本、尤本、建本作「背」。贛本誤「皆」。謹案：語見《毛詩注疏·衛風·伯兮》，字正作「背」，本書江文通《雜體詩三十首·潘黃門岳》「消憂非萱草」注、嵇叔夜《養生論》「萱草忘憂」注引同。又，陸士衡《贈從兄車騎》「言樹背與衿」注、謝惠連《西陵遇風獻康樂》「無萱將如何」注引《韓

詩》亦作「背」。贛本、毛本字雖異，而並因形近致譌。陳校當從《毛詩》、本書內證、尤本等正之。

其雨怨朝陽　注：《毛詩》曰：伯且，君子字。

【陳校】

注「伯且，君子字。」「且」字，衍。

【集說】

余氏《音義》曰：「伯且君」。何曰：「且字衍，宋本同。」

顧按：「且」字，見《鄭禮儀注》，非衍也。李引箋如此，今本箋刪「且」字，非。

胡氏《考異》曰：注「伯且君子字」。何校云：「且字衍。」陳同。是也，各本皆衍。

梁氏《旁證》曰：何校去「且」字，陳同。各本皆衍。

【疏證】

奎本以下諸六臣合注本、尤本悉同。謹案：語見《毛詩·衛風·伯兮》「伯兮朅兮」鄭《箋》云：「伯，君子字也。」《古文苑·班婕妤·擣素賦》「甘首疾之病」注：「《伯兮詩》願言思伯，甘心首疾。伯，君子字也。」並無「且」字。諸本「且」字，蓋涉注上文兩「伯且來」而衍，毛本蓋誤從尤本。顧氏初不以為衍，至《考異》終以為衍，可見其校前後嬗變之跡。

（昔日）昔日繁華子，安陵與龍陽　注：《說苑》曰：王謂纏曰：萬歲夜，子將誰與樂？纏泣下沾衣曰：大王萬歲夜，臣將殉。

【陳校】

注「萬歲夜」。「夜」，「後」誤。

【集說】

余氏《音義》曰：「歲夜」。「夜」，何改「後」。

【疏證】

奎本以下諸六臣合注本、尤本悉作「後」。謹案：語見《說苑·權謀》，字正作「後」。按注下文，亦可證當作「後」字。毛本獨因形近致譌，陳氏當從《說苑》、尤本等正之。

丹青著明誓　注：丹青不喻，故以方誓。

【陳校】

　　注「丹青不喻。」「喻」，「渝」誤。

【疏證】

　　奎本同。明州本、贛本、尤本、建本作「渝」。謹案：「喻」與「渝」通，變也。釋智昇《開元釋教錄》卷二上：「《梵摩喻經》一卷」注：「或作渝字。見《道祖僧祐》二錄，出《中阿含》第四十一。」是其證。毛本作「喻」，必有所承，況有奎本為佐證，陳校不必據尤本等改焉。

又注：以財助人者……善曰：《東觀漢記》：光武詔曰。

【陳校】

　　注「善曰」二字，衍。

【集說】

　　胡氏《考異》曰：注「善曰：《東觀漢記》。」袁本、茶陵本無「善曰」二字。陳云「二字衍。」何校於此節注首，添「沈約曰」三字。今案：陳據別本，蓋是也。何以意添，非。

　　梁氏《旁證》曰：六臣本無「善曰」二字，陳曰「二字衍。」何校於此節注首，添「沈約曰」三字。亦以意為之耳。

【疏證】

　　尤本同。奎本以下六臣合注本悉作：「善曰：以財助人者……《東觀漢記》光武詔曰……」謹案：李善於《選》文凡采用舊注者，例於題下標明注者，行文則省其姓名，居己注前；其於己注，則加「善曰」以界舊注。至六臣合注本之祖奎本以五臣注居前，復於善及其所引舊注上擅加「善曰」二字，以為五臣與善注之界限。此乃屬符號性標志，而倒置六家本而成之六臣本（贛本）系統，未悟及此，往往將此符號性「善曰」當真，而刪去李善用以界舊注之真「善曰」，遂誤舊注為善注。此正是本條諸六臣合注本注首悉有「善曰」而「《東觀漢紀》」上反無「善曰」二字之來歷，亦見陳以「《東觀漢記》」上「善曰」二字為衍文，非是，尤本有者，是也。毛本蓋從尤本。然本組詩又見特殊：所用舊注，不止一人，顏、沈外，尚有無名氏。善引舊注亦當分別顏延年、沈約，否則又將混淆舊注。此又是何校添「沈約曰」三字之緣故。然竊以為此處

脫文當出顏氏，而非沈約。依據之大前提是：本詩顏注見有引「說者」之文，此即善注本篇下署名注者，所以獨有「等」字。故他縱非顏注，也必定為「說者」之辭，為顏氏當日所援。雖偶奪顏名，仍可視作顏說。反證是：沈約注量不少，沈並無引「說者」他注的跡象。

（登高）北望青山阿　　注：應劭《風俗通》曰：葬之郭北北首

【陳校】

注「葬之郭北」。「之」，「於」誤。

【疏證】

奎本以下諸六臣合注本、尤本悉作「於」。謹案：本書《古詩十九首·驅車》「遙望郭北墓」注引作「於」。此毛本獨傳寫譌，陳校當據尤本等正之。

（開秋）開秋兆涼氣

【陳校】

當提行起。

【集說】

孫氏《考異》曰：此下另為一首，當提行。否則十六首矣。

梁氏《旁證》曰：毛本連上注。尤本此下別為一首。

【疏證】

諸《文選》本皆提行另起。此毛本獨譌，然亦有其緣由，並由此可略窺《文選》有關版本傳刻遞變之軌跡：五臣陳本因上首末句正足行，故置結束符號「⌞」。而六臣建本則因見末句（雙行）注尚空末一格，遂省設此符號。毛本不悟建本刊刻之用心，遂誤「連上注」矣。此一細節，既可窺建本與五臣陳本之關係，又再見毛本與建本之特殊關係，對探索毛本系統一路來歷，無疑大有俾助。

（平生）平生少年時　　注：《論語》曰：久約不忘平生之言。

【陳校】

注「久約不忘平生之言」。「要」、「約」同音，疑古本如是。

【疏證】

奎本以下諸六臣本、尤本悉作「要」。謹案：語見《論語注疏・憲問》，字作「要」。本書禰正平《鸚鵡賦》「感平並作生之游處」注、陸士衡《歎逝賦》「追計平生」注、沈休文《別范安成詩》「生平少年日」注、曹子建《箜篌引》「久要不可忘」注、謝玄暉《郡內登望》「平生早事邊」注引並作「要」。然玩味《論語》孔注曰：「久要，舊約也」，則陳氏之疑當不為臆說。此亦偶見陳校「出格」發揮處，可為之擊節。

（步出）上有嘉樹林　注：顧延之曰：《史記・龜策傳》曰

【陳校】

注「顧延之」。「顧」，「顏」誤。

【集說】

胡氏《考異》曰：注「顏延之曰。」何校「之」改「年」。案：以前後例之，是也。各本皆譌。

梁氏《旁證》曰：何校「延之」改「延年」，是也。

【疏證】

奎本以下諸六臣合注本、尤本悉作「顏延之」。謹案：「顧」字，毛本因形近傳寫獨譌，陳校當據本書內證、尤本等正之。然陳校惟見「顧」字之譌，而略前後稱字之例，不知「之」之譌，較之前胡、何氏，仍失一間。參拙著《何校集證》。

（昔年）乃（娛）〔悞〕羨門子　注：沈約曰：追悟羨門之輕舉，方自笑耳。

【陳校】

「乃（娛）〔悞〕羨門子」。「（娛）〔悞〕」，當作「悟」。

【集說】

余氏《音義》曰：「悞」，善作「悟」。

胡氏《考異》曰：注「追悟羨門之輕舉」。袁本、茶陵本「悟」作「悞」。案：善「悞」，五臣「悟」。二本校語有明文。善所載沈約注，自不當作「悟」。又，正文何、陳皆從五臣「悟」，但未必非阮借「悞」為「悟」。當仍其舊。

梁氏《旁證》曰：六臣本「愭」作「悟」。按沈注亦作「愭」，故何、陳校本皆作「愭」。

黃氏《平點》曰：據注及別本，「愭」改「悟」。

【疏證】

尤本正文作「愭」、沈注作「悟」。奎本以下諸六臣合注本悉正文「悟」，校云：善本作「愭」字、沈注亦「愭」。五臣正德本、陳本作「悟」。謹案：五臣作「悟」，向注可證。善本作「愭」，則如前胡說，諸六臣合注本校語有明文焉。前胡因推定善引沈約注當為「愭」，複由沈注推正文「愭」不當改，言何、陳從五臣作「悟」之非。是也。然亦不必復曲解「阮借愭為悟」。檢《集韻·莫韻》：「愭，疑也。」《字彙·心部》：「愭，惑也。」若按「疑」、「惑」釋正文、沈注之「愭」，文意通暢，了無滯礙。周鈔傳寫譌「娛」，今已正之。

噭噭今自蚩 善曰：《說文》曰：蚩，笑也。嗤，與蚩同。

【陳校】

「噭噭（令）［今］自蚩」。「蚩」，「嗤」誤。

【疏證】

尤本同。五臣正德本及陳本作「嗤」，奎本以下諸六臣合注本同，然有校云：善作「蚩」字。謹案：五臣作「嗤」，向注可證。《說文通訓定聲·頤部》：「蚩，叚借為嗤」，二字雖通，然據注則善所見亦作「嗤」，本書謝玄暉《在郡臥病呈沈尚書》「撫几令自嗤」注引阮詩作「嗤」，可證。尤本及各本所校皆誤，陳校是。此亦前胡漏錄、漏校例。周鈔傳寫譌「令」，已正之。

（灼灼）蚩蚩亦念飢 注：《爾雅》曰：西方有北肩獸焉。

【陳校】

注「西方有北肩獸。」「北」，「比」誤。

【疏證】

奎本以下諸六臣合注本、尤本悉作「比」。謹案：語見《爾雅注疏·釋地》，字正作「比」。《藝文類聚》卷九十九、《太平御覽》卷九百八引、《文章正宗》卷二十二上注引同。此毛本獨因形近致譌。陳校蓋據《爾雅》、尤本等正之。

如何當路子……憔悴使心悲　注：沈約曰：周周銜羽以免顛什，蚕蚕負蠜以美草者。

【陳校】

注「以免顛什」。「什」，「仆」誤。又「以美草」。「美」上脫「求」字。

【集說】

胡氏《考異》曰：注「蚕蚕負蠜以美草」。案：「以」下，少一字。各本皆脫。陳云：「以下脫求字。」但以意添耳。

梁氏《旁證》曰：陳校「以」下添「求」字。各本皆脫。

【疏證】

奎本以下諸六臣合注本、尤本悉作「仆」，惟贛本作「擇」。諸本並脫「求」字。謹案：「什」、「仆」獨毛本形近而譌。贛本補「擇」、明·徐元太《喻林·貪昧》引作「食」，音並與「什」近，故毛本或有依據。陳校添「求」字，則如前胡所云爾。

（北里）輕薄閑遊子……捷徑從狹路　注：輕薄之輩……棄被大道，好從狹路。

【陳校】

注「棄被大道。」「被」，「彼」誤。

【疏證】

奎本以下諸六臣合注本、尤本悉作「彼」。謹案：《說文通訓定聲·隨部》：「被，段借為彼，實助語之辭。」參上《關中詩》「命被上谷」條。毛本自有來歷，陳校非。

（湛湛）上有楓樹林　注：《楚辭》曰：湛湛江水兮上有楓樹。

【陳校】

注「上有楓樹」。「樹」字，衍。

【集說】

胡氏《考異》曰：注「上有楓樹」。陳曰云云。是也，各本皆衍。

梁氏《旁證》同胡氏《考異》。

【疏證】

奎本衍「樹林」二字。蓋涉正文而羨。明州本、贛本、尤本、建本衍「樹」字。謹案：語見《楚辭章句·招魂》，正無「樹」字，本書《招魂》篇同。《藝文類聚》卷三、卷八十九、《古今事文類聚》後集卷二十引並同。毛本當誤從尤本等，陳校當據《楚辭》、本書內證等正之。

青驪逝駸駸　注：《毛詩》曰：駕彼駉牡，載驟駸駸。

【陳校】

注「駕彼駉牡。」「牡」，當作「駱」。

【集說】

胡氏《考異》曰：注「駕彼駉牡。」陳曰云云。各本皆作「牡」。今案：《毛詩》作「四駱」，但恐李所據本異，未可輒改。凡注中各本既同，而引書與今所行差互，疑不能明者，皆準此，不悉出。其異本尚可考，亦不悉出。唯顯知傳寫誤，乃訂正之。

梁氏《旁證》曰：陳校「牡」改「駱」。

【疏證】

奎本以下諸六臣合注本、尤本悉同。謹案：今本《毛詩注疏·小雅·四牡》篇，正作「駱」。毛本當從尤本等，陳校當據今本《毛詩》改。然前胡「但恐李所據本異，未可輒改」說是。又，「凡注中各本既同」云云，前胡所設校此類善注之體例，亦足可供今日治選學者參考借鑒。不可輕薄妄議善注。

高蔡相追尋　注：《戰國策》曰：莊辛諫楚王曰：……蔡聖侯因是已……不知夫子發受命于宣王，繫己以朱絲而見之也。

【陳校】

注「蔡聖侯」。「聖」，當作「靈」。下同。「受命於宣王。」「宣」，當作「靈」。

【集說】

顧按：此不當改。子發，宣王之將軍，見高誘《淮南·道應注》。

【疏證】

奎本以下諸六臣合注本、尤本悉同。謹案：《戰國策》，見《楚策四》，正作「靈」、「靈王」。

　　顧氏云「宣」字不當改；檢李冶《敬齋古今黈》卷五：《戰國策》「蔡聖侯因是已」下，冶注曰：「聖侯，今本《戰國策》作靈侯。」亦以善所見《戰國策》異文係古本。然則，毛本「聖」，非，陳改「靈」是；而「宣王」字不當改而輒改，非也。本條益證，上前胡所設例之得其體也。子發，見《淮南子·道德》「明子發攻蔡踰之」注：「子發，楚宣王之將軍。」

秋懷詩一首　　謝惠連

蕭琴含風蟬　　注：《楚辭》曰：蕭瑟兮草木搖落而變衰。

【陳校】

　　「琴」，當作「瑟」。

【集說】

　　余氏《音義》曰：「琴」。六臣作「瑟」。

　　孫氏《考異》曰：「瑟」誤「琴」。

　　許氏《筆記》曰：「琴」。當作「瑟」。注中引《楚辭》本作「瑟」字。

【疏證】

　　諸《文選》本悉作「瑟」。謹案：善本作「瑟」，善引《楚辭》已明，五臣作「瑟」，則濟注可證。《初學記》「含風蟬」注、《事類賦》「蟬含風而蕭瑟」注、《古今合璧事類備要》「鴈度」注引謝詩，並作「瑟」。謹案：此毛本獨因形近而譌，陳校當從《楚辭》、尤本等正之。

夷險難豫謀　　注：《淮南子》曰：接徑歷遠，直道夷險。

【陳校】

　　注「接徑歷遠。」「接」，當作「捷」。

【集說】

　　顧按：「接」，即「捷」字。

【疏證】

　　奎本奎本以下諸六臣合注本、尤本同。謹案：語見《淮南子·本經》篇，今本作「接」。高誘注：「接，捷。」《荀子·大略》：「先事慮事，謂之接」楊

倞注：「接，讀爲捷，速也。」是「接」與「捷」通之證。本書盧子諒《贈劉琨》「故委身之日，夷險已之」注引亦作「接」。顧按亦得。毛本當從尤本等，陳正不必改焉。

不同長卿慢　注：嵇康《高士傳・司馬長卿讚》曰：蔑比卿相，乃至仕人，超然莫尚。

【陳校】

　　注「蔑比卿相。」「比」，當作「彼」。顏延年《陶徵士誄》云：「蔑彼名級」，殆本諸此。「乃至仕人。」「至仕」，當作「賦大」。見《世說》注。

【集說】

　　余氏《音義》曰：「蔑比」。「比」，何改「彼」。

　　胡氏《考異》曰：注「蔑比卿相。」「比」，當作「此」，《世說新語・品藻》注引可證。各本皆譌。何、陳校改爲「彼」，誤也。又曰：注「乃至仕人」，陳曰云云，是也，各本皆誤。

　　梁氏《旁證》二處悉同胡氏《考異》。

　　許氏《筆記》曰：注當云「蔑彼卿相，乃賦《大人》。」嘉德案：注「蔑比卿相。」何、陳校皆改「比」爲「彼」，胡謂《世說新語・品藻》注引，「比」作「此」。

【疏證】

　　「比」字，獨贛本作「彼」，其餘諸六臣合注本、尤本並作「比」。奎本以下諸六臣合注本、尤本悉誤「至仕」。謹案：《世說新語・品藻》注作「此」、作「賦《大人》」。「比」與「此」形近而誤，毛本當誤從尤本等，陳校正之，是也。然「彼」與「此」相對，義亦通。陳、何校從贛本改，況有顏《誄》可佐證，亦得。《文章正宗》卷二十二下注引作「比」、作「乃卜仕人」，並誤。

頗悅鄭生偃　注：偃，謂偃仰仕也。

【陳校】

　　注「謂偃仰仕也。」「仕」上，脫「不」字。

【疏證】

　　奎本以下諸六臣合注本、尤本悉有「不」字。謹案：顏之推《顏氏家訓・

止足》：「仕宦稱泰，不過處在中品。前望五十人，後顧五十人，足以免恥辱，無傾危也。高此者，便當罷謝，偃仰私庭。吾近為黃門郎，已可收退。」觀此，偃仰，正有隱居不仕之義。此必毛本傳寫獨脫。陳當據尤本等補之，是也。

臨終詩一首　歐陽堅石

伯陽適西（夷）〔戎〕　注：魏武《飲馬長城窟行》曰：四時隱南山，子欲適西戎。

【陳校】

　　注「四時隱南山。」「時」，當作「皓」。

【集注】

　　余氏《音義》曰：「四時」。「時」，何改「皓」。

　　胡氏《考異》曰：注「四時隱南山。」何校「時」改「皓」。陳同。各本皆譌。

　　梁氏《旁證》同胡氏《考異》。

【疏證】

　　奎本、明州本、尤本、建本同。贛本獨作「皓」。謹案：毛本當誤從尤本等，陳、何當據贛本正之。《漢書·揚雄傳下》：「四皓采榮於南山」，或亦陳、何所依。

成此禍福端　注：《傅子》曰：福生有兆，禍生無端。

【陳校】

　　注「《傅子》」。「傳」，「傅」誤。「禍生無端」。「生」，「來」誤。

【疏證】

　　奎本以下諸六臣合注本、尤本悉作「傳」、「來」。謹案：傅子，傅玄。參上王康琚《反招隱詩》「周才信眾人」條。《傅子》語，見《正心篇》，今本正作二「生」字。「來」、「生」相對，作「來」字於義為長。《太平御覽》卷三百六十七引《傅子》，正作「禍來」，本書陸士衡《樂府十七首·君子行》「福鍾恒有兆，禍集非無端」注引同。然則，毛本下「生」字，未必從今本《傅子》，

而似傳寫涉上「生」字而來，陳校當據本書內證、尤本等正之。

幽憤詩一首　　嵇叔夜

越在縲絏　注：《左氏傳》：后成子曰：聞君越在他境。

【陳校】

注「后成子」。「后」，當作「邱」。

【集說】

顧按：「后」，即「厚」字也。《歸一圖》云：「厚成叔，後改為后。」

胡氏《考異》曰：注「后成叔曰」，陳曰云云。今案：「后」，即「邱」也。《檀弓》：「后木」鄭注曰：「魯孝公子惠伯鞏之後。」正義曰：「案《世本》，孝公生惠伯革，其後為厚氏。」《世本》云「革」，此云「鞏」，《世本》云「厚」，此云「後」，其字異耳。《春秋名號歸一圖》曰：「厚成叔，後改為邱。」皆可證。《冊魏公九錫文》引作「厚」。

張氏《膠言》曰：注引《左傳》后成叔」云云。雲璈按：「后」，本作「邱」，見《昭二十五年》、《定十年左傳》及《魯語上》。又作「邱成子」，見《呂覽·觀表》。《孔叢·陳士義》又曰：「厚孫名瘠」，見《襄十四年左傳》。《漢書·人表》亦作「厚成子」。梁孝廉履繩《左通》云：「《說文》：『垕，古文厚。』《集韻》或作『郈』，故邱，作『后』、作『厚』，皆省文。」胡中丞云：「《檀弓》：『后木。』注曰：『魯孝公子惠伯鞏之後』」云云。

梁氏《旁證》曰：陳校「后」改「邱」。胡公《考異》曰：「后，即邱也」云云。

【疏證】

奎本、明州本、尤本、建本同。贛本作「邱」。謹案：語見《春秋左傳注疏·襄公十四年》「越在他竟」注：「瘠，厚成叔名。」音義：「厚，本或作邱。音同。」顧按是。《說文通訓定聲·需部》：「后，叚借為厚。」《管子·地員》「五種無不宜，其立后而手實。」章炳麟讀作「其粒厚而垂實」，是其證。前胡說「后，即邱」，亦是。然則，后、厚、邱三字並通。毛本當從尤本等，陳正不必改耳。

恃愛肆姐 注：《說文》曰：姐，嬌也。嬌與姐同耳。姐，子豫切。

【陳校】

「姐」，《晉書》作「好」。

【集說】

梁氏《旁證》曰：《晉書》「姐」作「好」。恐誤。

許氏《筆記》嘉德案曰：注引《說文》曰：「姐，嬌也。嬌與姐同。」今《說文》曰：「嫭，嬌也。」此傳寫譌「嫭」為「姐」耳。「嬌與姐同」者，乃「姐與嫭同」，亦傳寫誤之。蓋「姐」即「嫭」之省，古亦假用。《琴賦》「或怨嫭而躊躇」李引《說文》曰：「嫭，嬌也。」或作姐，古字通。」可證也。又楚金「嫭」下引此詩作「恃愛肆嫭」，其字作「嫭」，云：「借姐字也。」

【疏證】

諸《文選》本悉同。謹案：嘉靖本《嵇中散集》卷一亦作「姐」。嘉德引「楚金」說，見《說文繫傳·通釋》「嫭」字下。彼考「姐」為「嫭」之省借，甚是。本書繁休伯《與魏文帝牋》「謇姐名倡」注「《說文》曰：『嫭字或作姐。』古字假借也。」亦可為許說佐證。《晉書》作「好」者，或由誤字「嬌」而來。然《說文》無「嬌」字，段注「嫭」云：「古無嬌字，凡云嬌即驕也。」《晉書》的誤。

注：賈逵《國語注》也肆，恣也。

【陳校】

注「《國語注》也」。「也」，「曰」誤。

【疏證】

奎本以下諸六臣合注本、尤本悉作「曰」。謹案：本書屢見善注引賈此注，並作「曰」字。

如：揚子雲《甘泉賦》「肆玉軑而下馳」注、潘安仁《關中詩》「狡焉思肆」注、江文通《雜體詩·許徵君詢》「聊以肆所養」注、陳孔璋《為袁紹檄豫州》「肆行凶忒」注、嵇叔夜《養生論》「輕而肆之」注等並不誤。此毛本獨涉下文而譌，陳校當據本書內證、尤本等正之。

託好老莊，賤物貴身　注：《莊子》曰：真者，精誠之志。

【陳校】

　　注「《莊子》曰：真者，精誠之志」。按：此九字衍，觀下注自明。

【集說】

　　胡氏《考異》曰：注「《莊子》曰：真者，精誠之志。」陳曰云云。是也，各本皆衍。

　　梁氏《旁證》曰：陳校去此九字。各本皆衍。

【疏證】

　　奎本以下諸六臣合注本、尤本悉衍九字。謹案：《莊子·漁父》篇，正作「至」。此九字，惟奎本作「至」，自明州本以下諸六臣合注本及尤本悉作「志」。毛本當誤從尤本等。本條注引《淮南子》釋下句「賤物貴身」已盡，不當引《莊子》復釋上句，確涉下文「樸養素全真」注而衍。陳校、前胡說皆是。

志在守樸　注：《老子》曰：見素抱僕。《莊子》：又曰：真者，請誠之至也。

【陳校】

　　注「見素抱僕。」「僕」，「樸」誤。又「請誠之至。」「請」，「精」誤。

【集說】

　　余氏《音義》曰：「抱僕」。「僕」，何改「璞」。

【疏證】

　　奎本以下諸六臣合注本、尤本悉作「樸」、「精」。謹案：據正文及注下文引「薛綜《東京賦注》曰：樸，質也」云云，則作「樸」固是。王弼注《老子道德經》上篇正作「樸」。河上公注本《老子道經·還淳》作「朴」。《廣韻·覺韻》：「朴，同樸。」《莊子·山木》：「其民愚而朴」、《鹽鐵論·本議》：「散敦厚之朴」，皆其驗。陳校是。何校亦是。蓋「璞」與「樸」亦通。《玉篇·玉部》：「璞，王弼曰：『璞，真也。』」《戰國策·齊策四》：「歸〔真〕返璞，則終身不辱。」《孔子家語·王言解》：「民惇俗璞，男愨女貞。」並是其證；本書江文通《雜體詩三十首·嵇中散康》：「《老子》曰：見素抱璞。」亦是其驗，

此或正何校所據。注引《莊子》語，見《漁父》篇，已見上條，字正作「精」。本條兩處，毛本皆因形近致譌。

好善闇人 注：謂與呂安交也。

【陳校】

注「謂與呂安交也。」按叔夜以證明呂安無罪，因並被收，則「好善闇人」及「屢增惟塵」句，自別有所指，非悔交呂之失也。注非。

【疏證】

奎本以下諸六臣合注本、尤本悉同。謹案：此亦陳氏辨證善注之是非。按《晉書・嵇康傳》記康被害事較詳，而於引起康與呂安罹難之導火線呂巽兄弟案，或格於史書紀傳體例，惟有「東平呂安服康高致，……康友而善之。後安為兄所枉訴，以事繫獄。辭相證引，遂復收康。」語焉不詳。呂案，自晉・干寶《晉紀》、臧榮緒《晉書》、孫盛《魏氏春秋》，至唐李善等六臣，下及明・張溥《漢魏六朝百三家集・魏嵇康集》「《幽憤詩》」題解、清・儲大文《存研樓文集・雜著・覈真》篇，咸有論述，獨以儲氏綜合嵇集《與呂長悌絕交書》及諸家說為詳備，雖其立論有未敢苟同者，而材料足資參考，故節錄其《覈真》篇如下：按《嵇中散集・與呂長悌絕交書》：「康白：昔與足下，年時相比，以故數面相親。足下篤意，遂成大好。綟是許足下以至交。雖出處殊塗而歡愛不衰也。及中間少知阿都，志力開悟。每喜足下家復有此弟，而阿去年向我有言，誠忿足下，意欲發舉。吾深抑之，亦自恃每謂足下不足迫之，故從吾言。間令足下因其順親，蓋惜足下門戶，欲令彼此無恙也。又足下許吾，終不繫都，以子父六人為誓，吾乃慨然感足下重言，慰解都。都遂釋然，不復興意。足下陰自阻疑，密表繫都。先首服誣都，此為都故信吾又無言，何意足下包藏禍心邪？都之含忍足下，實綟吾言。今都獲罪，吾為負之，吾之負都，綟足下之負吾也。悵然失圖。復何言哉？若此無心復與足下交矣。古之君子絕交，不出醜言，從此別矣。臨別恨恨。嵇康白。」阿都者，《嵇康集》錄：呂安，字仲悌，小字阿都。……蓋呂巽字長悌，東平人。為相國掾，有寵於司馬昭。康與巽及安親。巽淫安妻徐氏，安欲告巽、遣妻。以咨康。康諭而抑之。巽內不自安，告安撾母，表求徙邊。安當徙，自理，辭引康。康義不負心，保明其事。與巽書告絕。安亦至烈，有濟世志力。鍾會勸大將軍昭因此除之。此昭之所以訖易魏為晉，而康之所以似夏侯泰初也。然而微繹書義，則

安之烈志，又度越於康。此康所以每一相思，千里命駕，而世傳嵇、呂陶陶永夕也。晉干寶《晉紀》：「太祖逐呂安遠郡，在路作書與康。」晉・臧榮緒《晉書》：「安妻甚美，兄巽報之。內慙誣安不孝，啟太祖，徙安遠郡。即路與康書。太祖見而惡之，收安付廷尉與康俱死。……鍾會語司馬文王昭曰：「嵇康，臥龍也。公但憂康，無憂天下也。又毌邱儉、諸葛誕再舉兵，康實與聞之。康不死，魏不必遽亡，而能佽佐康者惟安……。」儲文不但交待清楚呂安案禍起蕭牆之來龍去脈，有極重要之史料價值，可補《晉書》之未備，尤其內中引康《與呂長悌絕交書》，足可佐證陳校之是非。觀《書》中一則云「（都）誠忿足下，意欲發舉。吾深抑之」；一則云「都之含忍足下，實繇吾言。今都獲罪，吾為負之；吾之負都，繇足下之負吾也。」為都繫獄，愧疚難安，自責不已，蒼涼沉痛。加之世傳「子都服康高致，每一相思，千里命駕」之情誼，「好善闇人」，焉有如注所云「謂與呂安交也」之理？必如陳斷「非悔交呂之失」也。竊以為，尚當推進一步。本條儻非後人所注，必傳寫「巽」之譌「安」也。

子玉之敗　注：《左氏傳》曰：子玉復治兵於蒍，終日而異。鞭士人、貫三人耳。

【陳校】

　　注「終日而異。鞭士人。」「異」，「畢」誤、「士」，「七」誤。

【疏證】

　　奎本以下諸六臣合注本、尤本悉作「畢」、「七」。謹案：事見《春秋左傳注疏・僖公二十七年》，字正作「畢」、「七」，《白孔六帖・酷吏》「子玉鞭貫」注及同書《鞭扑》「鞭」注引、《太平御覽》卷三百八十四、卷五百四十三等引，亦作「畢」、「七」。此毛本獨因形近致譌，陳校當據《左傳》、尤本等正之。

藏垢懷恥　注：《說文》曰：懷，藏也。杜預曰：忍垢恥也。

【陳校】

　　注「《說文》」下六字，當在杜注下。

【集說】

　　胡氏《考異》曰：注「《說文》曰：懷，藏也。杜預曰：忍垢，恥也。」陳曰云云。是也，各本皆倒。

梁氏《旁證》曰：陳校：「下七字，當在《說文》曰之上。」各本皆倒。

姚氏《筆記》曰：注引杜預注，誤在《說文》下。何云：「宋本亦誤倒」。

【疏證】

奎本以下諸六臣合注本、尤本悉倒。謹案：杜注，見《春秋左傳注疏·宣公十五年》「國君含垢」句下。按正文「垢」在「懷」前，陳校、前胡說皆是。陳於善注倒文，多見措意，頗見其讀書心細之特色。

惟此褊心　注：《毛詩》曰：惟是褊心，是以惟刺。

【陳校】

注「是以惟刺。」「惟」，「為」誤。

【集說】

梁氏《旁證》曰：注「是以惟刺」。毛本「為」誤作「惟」。

【疏證】

奎本以下諸六臣合注本、尤本悉作「為」。謹案：《毛詩》見《魏風·葛屨》篇，字正作「為」。陳校當據《毛詩》、尤本等正之。然毛本非必涉上句或因音近而譌，蓋「惟」與「為」字聲近古通。王氏《釋詞》卷三「惟唯維雖」條：「《玉篇》曰：『惟，為也。』《書·皋陶謨》曰：『萬邦黎獻，共惟帝臣。』某氏《傳》曰：『萬國眾賢，共為帝臣。』《酒誥》曰：『我民用大亂喪德，亦罔非酒惟行。越小大邦用喪，亦罔非酒惟辜。』傳：『亦無非以酒為行，亦無不以酒為罪。』並其證焉。」毛本容有來歷。

今愧孫登　注：《魏氏春秋》曰：登默然不對，踰年將去。

【陳校】

注「踰年將去。」「年」，當作「時」。

【疏證】

奎本以下諸六臣合注本、尤本悉誤同。謹案：事見《魏志·嵇康傳》裴注引《魏氏春秋》，正作「時」字。又引《晉陽秋》云：「康見孫登。登對之長嘯，踰時不言。康辭還，曰：『先生竟無言乎？』」亦用「踰時」辭，正可為旁證。今據上下文意，亦合作「時」。毛本當誤從尤本等，陳校當據裴注正之。本書江文通《雜體詩三十首·嵇中散》「孫登庶知人」注「孫登，已見嵇康《幽憤

詩》」，亦未及糾正。

內負宿心　注：趙壹《報羊陟書》曰：惟君朋叡，平其宿心。

【陳校】

注「惟君朋叡」。「朋」，「明」誤。

【集說】

余氏《音義》曰：「朋叡」。「朋」，何改「明」。

梁氏《旁證》曰：毛本「明」誤作「朋」。

徐氏《規李》曰：注「趙壹《報羊陟書》曰：惟君明叡，平其夙心。」案：此係皇甫規《與趙壹書》。靈運《富春渚》「宿心漸申寫」注，俱誤。見《九日從宋公戲馬臺集送孔令詩》。

許氏《筆記》曰：注「趙壹《報羊陟書》。」當作「皇甫規《謝趙壹書》」。

【疏證】

奎本以下諸六臣合注本、尤本悉作「明」。謹案：語見《後漢書‧趙壹傳》，作「惟君明叡，平其夙心」。本書謝靈運《九日從宋公戲馬臺集送孔令詩》「宿心愧將別」、《富春渚》「宿心漸申寫」，善注兩引皆作「明叡」。毛本當因形近傳寫而譌，陳、何校固是。惟據《後漢書》，「惟君明叡」語，當出皇甫規《與趙壹書》，而非如善注謂趙壹《報羊陟書》。此首早見疑於明人梅鼎祚。彼《東漢文紀》卷十五正作「皇甫規《與趙壹書》。」題下注云：「壹上計西還，過弘農，候太守皇甫規。門者不即通，壹遂遁去。規聞大驚，追書謝過。壹報之，遂去不顧」云云。此蓋從《後漢書》。題下注又質疑云：「李善注嵇康《幽憤詩》引趙壹《報羊陟書》云：『惟君明叡，平其夙心。』未審何據？」上引謝兩詩善注並作「趙壹《報羊陟書》」。此善之誤歟？

仰暮嚴鄭　注：《漢書》曰：谷口有鄭于真，蜀有嚴君平，昔修身保性。成帝時，元舅王鳳以禮聘子真，子真遂不詘而言。

【陳校】

「仰暮嚴鄭。」「暮」，「慕」誤。注「谷口有鄭于真。」「于」，「子」誤。又「昔脩身保性」。「昔」，「皆」誤。又「遂不詘而言」。「詘」，「詘」誤、「言」，「終」誤。

【集說】

余氏《音義》曰：「鄭于」。「于」，何改「子」。

孫氏《考異》曰：「慕」誤「暮」。

【疏證】

奎本以下諸六臣合注本、尤本悉作「慕」、「子」、「皆」、「詘」、「終」。謹案：《晉書》本傳作「慕」。《漢書》，見《王貢兩龔鮑傳》，正作「子」、「皆」、「詘」、「終」。本書江文通《詣建平王上書》「臥於巖石之下」注引《漢書》亦作「子」。《冊府元龜》卷八百九作「不詘而終」；同書卷七百七十八「詘」，作「屈」。二字實同。譌「暮」，毛本傳寫音近之譌；誤「于」、誤「昔」，誤「詘」，則大抵因形近傳寫致譌。陳當據《晉書》、《漢書》、本書內證、尤本等正之。

咎予不淑　注：《毛詩》曰：之子不叔。

【陳校】

注「之子不叔。」「之子」當乙。「叔」，「淑」誤。

【疏證】

明州本、贛本、建本倒同、作「淑」。奎本、尤本作「子之」、「淑」。謹案：《毛詩》語，見《風鄘‧君子偕老》篇，字正作「子之不淑。」本書謝玄暉《和王著作八公山詩》「吁嗟命不淑」注引同。然「叔」與「淑」通，《馬王堆漢墓帛書‧五行》：「叔人君子，其誼一氏」，是其證。毛本之倒，當從建本等，陳校乙正是；「叔」字非誤，陳不必改，蓋李善所見《毛詩》，未必與今本同也。

匪降自天　注：《毛詩》曰：下民為孽，匪降自天。

【陳校】

注「下民為孽。」「為」，「之」誤。

【集說】

胡氏《考異》曰：注「下民為孽」，陳曰云云。今案：各本皆然，疑李所據與今本作「之」者異，下「尊遝背增」，今本作「憎」。又「我心永疚」。今本作「使我心疚」，皆放此。

梁氏《旁證》曰：「為」當作「之」。

【疏證】

奎本、明州本、尤本、建本悉作「為」。贛本獨作「之」。謹案：《毛詩》語，見《小雅・十月之交》，字正作「之」。此或贛本所從。然，前胡「疑李所據與今本作之者異」說，大可信從。準此，上「子之不叔」，亦可如斯觀，蓋陳氏不能辨焉。

寔曰頑疎　注：《毛詩》曰：噂遝背憎，職競由人。

【陳校】

「寔曰頑疎。」「曰」，「由」誤。

【集說】

孫氏《考異》曰：「由」。誤「曰」。

許氏《筆記》曰：「曰」字。何改「由」，依注。

【疏證】

諸《文選》本悉作「由」。謹案：《晉書》、《通志》本傳作「由」，《杜詩補注・到村》「頑疎惑町畦」注引同。五臣亦作「由」，良注可證。毛本獨因形近而誤，陳、何校改，非獨有注「職競由人」云云為據，即按上下文意，亦不得作「曰」，況有如許版本及《晉書》本傳為依據乎？此壞字所致焉。

實恥訟免　注：免，或為冤。非也。

【陳校】

「實恥訟免。」「免」，《晉書》作「冤」，五臣同。

【集說】

梁氏《旁證》曰：五臣「免」作「冤」，銑注：「恥謗訟之冤濫」。《晉書》亦作「冤」。

許氏《筆記》曰：「免」，《晉書》作「冤」。李氏注既以為非，不可更以《晉書》疑之。

黃氏《平點》曰：「實恥訟免。」「免」作「冤」，極是，《晉書》同。

【疏證】

尤本同。奎本以下諸六臣合注本作「冤」，校云：善本作「免」。謹案：五臣作「冤」，銑注可證，蓋同《晉書》以求異善本。善注既有「或為冤，非也」之校，陳、梁「更以《晉書》疑之」，已遭許氏之譏。黃氏則不免以五臣亂善。

豈云能補　注：劉歆《谷父書》曰：誠思拾遺，冀以哺口。

【陳校】

注「劉歆《谷父書》」。「谷」，「答」誤。又「冀以哺口。」「哺口」，當作「云補」。

【集說】

許氏《筆記》曰：注「劉歆《荅父書》」，當作「《荅文學書》。」

【疏證】

奎本以下諸六臣本、尤本作「答」、「云補」。謹案：二處，毛本獨誤。作「谷」，蓋形近而譌；作「哺口」，疑所見本漫漶，以臆補耳。明·梅鼎祚《西漢文紀·答文學》作「冀以云補」注「李善《文選注》」，此或陳校所據。

遘茲淹留　注：淹留，謂曰縶而留也。

【陳校】

注「謂曰縶而留」。「曰」，「囚」誤。

【疏證】

奎本、明州本、尤本、建本作「囚」。贛本作「因」。謹案：奎本等四本是，贛本作「因」，亦形近而譌。毛本因形近而譌，陳校當據尤本等正之。

萬石周慎　注：《漢書》曰：萬石君奮長子建，為郎中令。建老曰首

【陳校】

注「建老曰首。」「曰」，「白」誤。

【疏證】

奎本以下諸六臣合注本、尤本悉作「白」。謹案：語見《漢書·萬石傳》，字正作「白」，《太平御覽》卷三百八十三、卷八百二十六同。《史記·萬石列傳》亦作「白」，《太平御覽》卷一百八十六、《古今合璧事類備要》前集

「休沐謁親」注引同。此毛本獨因形近致譌，陳校當據《漢書》、尤本等正之。

心焉內疚　注：《毛詩》曰：我心永疚。

【陳校】

注「我心永疚」。當作「使我心疚」。

【集說】

梁氏《旁證》曰：今《詩》作「使我心疚。」

【疏證】

奎本以下諸六臣合注本、尤本悉同。謹案：《毛詩》見《小雅·大東》，正作「使我心疚。」此陳校所據，然當從前胡「疑李所據與今本異」之說，不改為宜。參上「匪降自天」條。

庶最將來　注：《爾雅》曰：勗，勉也。《毛詩》曰：土天之載。

【陳校】

「庶最將來」。「最」，「勗」誤。又注「土天」。「土」，「上」誤。

【疏證】

諸《文選》本悉作「勗」、「上」。謹案：《毛詩》，見《大雅·文王》篇，字正作「上」，本書揚子雲《甘泉賦》「上天之緯」注引同。但據善注引《爾雅》，亦足見正文作「勗」是。《爾雅》，見《釋詁》。五臣作「勗」，則良注可證。二字，毛本皆因形近而譌。「最」字，陳校當據善注、《爾雅》、五臣注、尤本等正之。「土」字，當據《毛詩》、本書內證、尤本等正之。

采薇山阿

【陳校】

按篇末以「采薇」自況，仍是「菲薄湯武」之意，所謂「龍性難馴」也。

【疏證】

諸《文選》本並同。此是釋義、點評。無關校勘。

七哀詩一首　　曹子建

居行踰十年

【陳校】

　　「居」,「君」誤。

【集說】

　　梁氏《旁證》曰:「君行踰十年。」《古樂府》「君」作「夫」、「年」作「載」。

【疏證】

　　諸《文選》本咸作「君」。謹案:《藝文類聚》卷三十二、《玉臺新詠》卷二、《樂府詩集·相和歌辭》、嘉定本《曹子建集》等亦作「君」。此獨毛本形近而譌耳,陳校當據尤本等正之。梁氏所謂「《古樂府》」,當元·左克明撰,見該書卷五。

七哀二首　　王仲宣

出門無所兄

【陳校】

　　「兄」,「見」誤。

【疏證】

　　奎本以下諸六臣合注本、尤本悉作「見」。謹案:《藝文類聚》卷三十四、《文章正宗》卷二十二上引作「見」,本書左太沖《詠史詩(習習)》「出門無通路」注引亦作「見」。此毛本獨因形近致譌,陳校當從本書內證、尤本等正之。

山崗有餘映　　注:《通俗文》曰:日陰曰映。

【陳校】

　　「山崗有餘映。」「映」,「昳」誤。五臣作「映」。

【集說】

　　余氏《音義》曰:注「曰昳」。六臣「昳」作「映」。

孫氏《考異》曰：據注，「映」當是「昳」字之譌。六臣本作「暎」，云：五臣作「映」。

許氏《筆記》曰：「映」，依注當作「昳」。《說文》：「昳，日𣅀也。从日失聲。徒結切」；「映，明也，隱也。从日央聲。於敬切。」李既引《通俗文》，是原本作「昳」字。嘉德案：「昳」、「映」二字皆《新附》字，許《書》：𣅀，日在西方時側也。」隸變作「昃」。《尚書》「自朝至於日中昃」傳云：「朝至日昳」，疏云：「昃亦名昳，言日蹉跌而下謂也。」然則，昳，即昃。《說文》但作「昃」，《新附》乃作「昳」。此作「映」，形象似而譌耳。

【疏證】

五臣正德本及陳本作「映」，明州本並注作「映」。奎本、尤本並注作「暎」。奎本失著校語。贛本作「暎」，校云：五臣作「映」。注作「映」。建本並注作「暎」，校同贛本。謹案：善本作「昳」，善注已明。五臣作「映」，銑注可證。《集韻·映韻》：「映，亦從英」，然則，「映」，與「暎」通。然五臣與善用自有異，故當別之。尤本是。六臣合注本中，建本最是。毛本以五臣亂善，非。陳校、孫氏以為當作「昳」，亦得。《說文新附·日部》：「昳，日昃也。」《集韻·屑韻》「昳，日側。」皆可為佐證。然陳必以作「暎（映）」為非，則亦泥。任彥昇《落日汎舟東谿詩》：「交柯谿易陰，反景澄餘映」，可證不誤。

七哀詩二首　　張孟陽

張孟陽　　注：臧榮《晉書》云。

【陳校】

注「臧榮《晉書》」。「榮」下，脫「緒」字。

【集說】

梁氏《旁證》曰：「榮」下，脫「緒」字，惟尤本不脫。

【疏證】

奎本以下諸六臣合注本、尤本悉有「緒」字。謹案：本書引臧氏《晉書》百十餘處，並有「緒」字，此毛本偶疏。陳校可應手而補，無待徵諸諸本也。

恭文遙相望　注：范曄《後漢書》又曰：葬文帝於文陵。

【陳校】

注「葬文帝於文陵。」上「文」字，當作「靈」。

【集說】

余氏《音義》曰：何曰：「《靈帝紀》：『葬文陵。』注中『文帝』『文』字，『靈』之誤。」

梁氏《旁證》曰：段校云：「東漢無文帝，亦無文陵。《和紀》：『葬孝章皇帝於敬陵。』『文』，是『敬』之誤。」案：詩但云「恭文遙相望，原陵鬱膴膴」，故注亦專舉恭陵、文陵、原陵，不得別及敬陵。《靈帝紀》末明言：「葬孝靈皇帝于文陵」注：「在洛陽西北三十里。陵高十二丈，周回三百步」，亦不得云「無文陵」。

許氏《筆記》曰：何云：「《靈帝紀》，靈帝所葬者曰『文陵』，則注中『文帝』，『靈』之誤也。」

【疏證】

奎本以下諸六臣合注本、尤本悉作「靈」。謹案：《後漢書‧靈帝紀》作「辛酉，葬孝靈皇帝于文陵」，正作「靈」，《後漢紀‧孝靈皇帝紀》同。毛本蓋涉正文而譌，陳、何氏蓋據《後漢書》、尤本等改，是也。梁說駁段氏說是。此段氏未檢《後漢書》耳。

蒙籠荊棘生

【陳校】

「籠」，「蘢」誤。

【疏證】

尤本同。五臣正德本及陳本、奎本以下諸六臣合注本作「蘢」。謹案：《文章正宗》卷二十二上亦從「艸」。然「籠」，與「蘢」通。見上《遊沈道士館》「竹樹近蒙籠」條。毛本當從尤本，無煩陳改。

悽愴哀今古

【陳校】

「今」，「往」誤。五臣作「今」。

【集說】

　　梁氏《旁證》曰：六臣本校云：「往」，五臣作「今」。

　　許氏《筆記》曰：「今」，何改「往」。

【疏證】

　　明州本、五臣陳本同。五臣正德本、奎本作「往」，奎本無校語。贛本、建本同奎本，而有校云：五臣作「今」。尤本作「往」，蓋從贛本。謹案：《古今事文類聚》前集卷五十、《文章正宗》卷二十二上引亦作「往」。上二句「昔為萬乘君，今為丘山土」，若本句作「今」則複，故以作「往」勝。毛本或從五臣陳本，陳校正之是，然以五臣作「今」，亦未必。五臣正德本是其證。

秋風吐商氣

【陳校】

　　按：上篇哀漢事，此篇寓意，則在魏代高平諸陵也。發端以「秋風吐商氣」者，晉以金德王，於時為秋，於音屬商，故云爾。且曰「掃前林」，則指革命，意尤微而彰矣。

【疏證】

　　諸《文選》本並同。此亦屬釋義、平點。

寒蟬無餘音　注：《禮記》曰：孟秋，寒蟬應陰而鳴，則天涼，故謂之寒蟬。

【陳校】

　　注「《禮記》曰」。「《禮記》」，當作「蔡邕《月令章句》」。見子建《贈白馬王彪詩》注。

【集說】

　　胡氏《考異》曰：注「孟秋，寒蟬應陰而鳴。」案：「蟬」下，當有「鳴蔡邕《月令章句》曰：寒蟬」十字，各本皆脫。陳云：「《月令章句》，見子建《贈白馬王詩》注也。」

　　梁氏《旁證》曰：「蟬」下，當有「鳴蔡邕《月令章句》曰：寒蟬」十字。《月令章句》，見子建《贈白馬王詩》注。

【疏證】

明州本、贛本、建本同。奎本「則」作「即」，餘同。尤本「則」上複有「鳴」字，餘同。謹案：《禮記‧月令》：「〔孟秋之月〕涼風至，白露降，寒蟬鳴。」毛本當從建本等。本書曹植《贈白馬王彪詩》「寒蟬鳴我側」注：「蔡邕《月令章句》曰：寒蟬應陰而鳴，鳴則天涼，故謂之寒蟬也。」顯而易見，此處善引非《禮記‧月令》所能概括，而是糅合有蔡氏《月令章句》內容。陳校據《贈白馬王彪詩》注，主蔡氏《月令章句》，其說有合理成分，然不得前胡之補，前「孟秋，寒蟬鳴」，不能包容在內，必如前胡兼取《禮記‧月令》，始合善原意，方稱完璧。善注此詩與注子建詩，本有微別，前胡得之。前胡積薪居上，誠非虛美。本條亦可見同為迻錄前人，胡、梁二家作風有上下之別。

朱光馳北陸　注：《楚辭》曰：陽泉杲其朱光。

【陳校】

注「陽泉杲其朱光。」「泉」，「杲」誤。

【疏證】

奎本以下諸六臣合注本、尤本悉作「杲杲」。謹案：語見《楚辭章句‧遠游》「陽杲杲其未光兮」，字正作「杲杲」。本書謝靈運《石壁精舍還湖中作》「入舟陽已微」注、曹子建《情詩》「微陰翳陽景」注引並作「杲杲」。此毛本獨因形近致譌，陳校當據《楚辭》、本書內證、尤本等正之。

翩翩棲孤禽

【陳校】

「翩」，「翩」誤。

【集說】

許氏《筆記》曰：何改「翩翩」。

【疏證】

諸《文選》本悉作「翩翩」。謹案：《文章正宗》卷二十二上亦作「翩翩」。觀上句為「蕭蕭高桐枝」，用疊詞，亦見毛本獨非，陳、何校當據尤本等正之。

悼亡詩三首　潘安仁

（荏苒）莊缶猶可擊　注：《莊子》曰：……自以為不通乎命，故止。

【陳校】

　　注「命，故止」。「止」下，脫「也」字。

【疏證】

　　奎本、贛本、尤本、建本並無「也」字。明州本脫「《莊子》曰」下至「故止」一百九字。謹案：語見《莊子・至樂》篇，正有「也」字，《古今事文類聚》後集卷十五同。依上下文氣，無「也」字則意亦不完也。毛本當從尤本等，陳校當據《莊子》等補之。《太平御覽》卷五百六十一引《莊子》作「之」，亦得。

（曜靈）駕言陟東阜，望墳思紆軫　注：《毛詩》曰：駕言出遊。又《楚辭》曰：鬱結紆軫兮。

【陳校】

　　注「又《楚辭》」。「又」字，衍。

【集說】

　　胡氏《考異》曰：注「駕言出遊又」。案：「又」下當有脫，無可據補。陳曰云云，非也。袁本無，乃改去耳，故於下句「《楚辭》」下加一「注」字以足之。茶陵本與此同，尚未改也。

　　梁氏《旁證》曰：「又《楚辭》曰」。六臣本無「又」字、「曰」上有「注」字。

【疏證】

　　明州本、贛本、尤本、建本同。奎本無「又」字、有「注」字。謹案：《楚辭》語見《九章・懷沙》，故「辭」下當作「曰」，不誤；作「注」者，非也。本書嵇叔夜《贈秀才入軍（浩浩）》「駕言出遊，日夕忘歸」注《毛詩》曰：『駕言出遊。』《楚詞》曰：『日將暮兮悵忘歸。』善注引《毛詩》釋上句「駕言」。引《楚詞》解「忘歸」。本條例同。故「遊」下「又」字為衍。袁本蓋宗祖奎本。前胡「加字足之」之說，倘得成立，始作俑者，亦當歸奎本而非袁本。然前胡說，頗可懷疑：奎本是六臣合注本世祖，它不是覆刻、翻刻，改字

咸有行格之違礙。若既見「又」字（即便所據監本已如此），疑有衍奪欲「改去」，盡可逕刪，不必因開天窗之虞，將「楚辭」補作「楚辭注」「以足之」也。而據今存《文選》諸本，首見衍「又」字者，乃明州本，彼正是奎本之翻刻本。能知奎本「注」字之譌，顧慮開天窗，故既芟後，複妄增「又」字爾。贛、建二本皆承其誤，尤本則誤從明、贛二本耳。毛本則誤從尤本，故愚以陳校為是。前胡之誤，蓋未見奎本耳。

欲去後不忍　注：《禮記》：周豐曰：墟墓之間，未施哀於民而民哀。

【陳校】

「欲去後不忍。」「後」，「復」誤。又注「周豐」。「豐」，「豐」誤。

【疏證】

奎本以下諸六臣合注本、尤本悉作「復」、「豐」。謹案：《禮記》語，見《檀弓下》，字正作「豐」。然「豐」與「豐」通。宋·宋敏求《長安志·長安》：「豐水」注：「一作豐。」清·程廷祚《春秋識小錄》卷五：「豐：國名。僖二十四年：『畢原豐郇』，注：『豐，一作豐。』」皆其證。本書傅季友《為宋公修楚元王墓教》「追甄墟墓」注引亦作「豐」。況循上前胡之說，李善所見本未必不作「豐」也。「後」字，毛本獨因形近而譌，陳校當據尤本等正之；作「豐」不誤，陳校不必改焉。

盧陵王墓下作一首　謝靈運

題下注：宋武帝子義真……屬少帝德……廢盧陵為庶人，徙新安郡……作一篇。

【陳校】

注「屬少帝德」。「帝」下，脫「失」字。又「徙新安郡。」「徙」，「徙」誤。

【集說】

胡氏《考異》曰：注：「宋武帝子義真」下至「作一篇」。此一節注，袁本、茶陵本皆繫「翰曰」下。茶陵本云「善同翰注。」袁本別有「善曰：『沈約《宋書》曰：武帝男盧陵獻王義真，初封盧陵王，[未] 之任而高祖崩。義

真聰明愛文義，與陳郡謝靈運周旋異常。而少帝失德，徐羨之等密謀廢立，則次第應在義真。義真輕誂不任主社稷，因其與少帝不協，乃奏廢義真為庶人，徙新安郡。羨之等遣使殺義真於徙所。時年十八。元嘉三年，誅徐羨之、傅亮等。是日詔曰：故盧陵王可追崇侍中，王如故』」一節注共一百卅一字。當是尤所見與茶陵本同而致誤。袁本為是也。

　　梁氏《旁證》曰：注「宋武帝子義真」下至「作一篇」。六臣本此為翰注，下別有「善曰：沈約《宋書》曰」云云共一百三十一字。

　　許氏《筆記》曰：題下注乃五臣注誤入六臣本。善注云：「沈約《宋書》曰：『武帝男盧陵獻王義真』」云云。嘉德案：「宋武帝」云云，是翰注，而茶陵本云：「善同翰注」，幸袁刻宋本別有「善曰沈約」云云，不為淆混。此五臣亂善，正與《張子房詩》「三殤」注引同謬。

【疏證】

　　奎本「宋武帝子義真」一節為翰注，繫作者名下，善引「沈約《宋書》」一百卅一字，繫題下。明州本翰注同奎本，未增「善同翰注」四字，而逕刪題下善注一百卅一字。以五臣亂善。贛本襲明州本，惟循例倒「善同翰注」居前，建本同之。尤本則將翰注移至題下而已。尤本是毛本遠祖。至於「失」、「徙」二字，奎本以下諸六臣合注本、尤本，皆不脫、不誤。毛本傳寫脫、譌。陳校當從《宋書》、袁本等正之。本條足證尤氏未見奎本。袁本蓋宗祖奎本，所以為貴爾。奎本引沈《書》，「之任」上，已奪「未」字，前胡忽之，今據《宋書》補正。

沈痛結中腸　注：阮籍《詠懷詩》曰：容好結中賜。

【陳校】

　　注「結中賜」。「賜」，「腸」誤。

【疏證】

　　奎本以下諸六臣合注本、尤本悉作「腸」。謹案：語見本書阮氏《詠懷詩》「二妃」篇，字正作「腸」。《玉臺新詠》卷二、《文章正宗》卷二十二上、《初學記》卷十九「下蔡」注、《九家集注杜詩·贈衛八處士》「驚呼熱中腸」注引，並作「腸」。毛本獨以形近而譌，陳校當據本書內證、尤本等正之。

松柏森已行　注：曹植《寡婦詩》曰：高墳鬱兮巍巍，松柏森兮成行。

【陳校】

注「《寡婦詩》」。「詩」，「賦」誤。

【集說】

汪氏《權輿》曰：「曹植《寡婦詩》」注：「志祖案：此是賦，非詩。」見《注引群書目錄》。

胡氏《考異》曰：注「曹植《寡婦詩》曰」，陳曰云云，是也，各本皆誤。

梁氏《旁證》曰：陳校「詩」改「賦」。案：張溥所編《陳思王集》無此賦，亦無此詩。《魏文帝集》有《寡婦賦》，別有《寡婦詩》，亦見《藝文類聚》。此注所引當是陳思王同作，然難定其是賦是詩矣。

【疏證】

奎本、明州本、尤本、建本同。贛本作「賦」。謹案：陳校此從贛本。然未知贛本所據。《九家集注杜詩·重經昭陵》「再窺松柏路」注：「曹植《寡婦詩》曰：『高墳鬱兮巍巍，松柏森兮成行。』謝靈運《經廬陵王墓詩》曰：『徂謝易永久，松柏森已行。』可見陵寢矣。」同書《行次昭陵》：「流恨滿山隅」注略同，稱「《詠曹植墓詩》曰：『高墳鬱兮巍巍，松柏森兮成行』」云云。篇名或誤，然亦稱「詩」。贛本或因二句有「兮」字，改「詩」為「賦」，而不知其作者、篇名皆有疑問。毛本當從尤本等，陳校存疑可也。

延州協心許　注：《新序》曰：（延陵季子）使於晉，顧反，見徐君死。

【陳校】

注「使於晉」。「使」上脫「致」字。「見徐君死」。「見」，「則」誤。

【集說】

余氏《音義》曰：「見徐」，「見」，何改「則」。

【疏證】

奎本以下諸六臣合注本、尤本悉脫「致」，作「則」。謹案：語見《新序·節士》，字正有「致」，作「則」，《冊府元龜》卷八百六十四同。本書曹子建《贈丁義》「思慕延陵子」注、劉孝標《重答劉秣陵沼書》「但懸劍空隴」注

引《新序》亦同。毛本當傳寫而譌，陳、何校當據《新序》、本書內證等正之。

楚老惜蘭芳　注：《漢書》曰：（老父曰）龔先生竟夭天年，非吾徒也。

【陳校】

注「龔先生」。「先」字，衍。

【集說】

姚氏《筆記》曰：注「龔先生竟夭天年」，滅「先」字。

【疏證】

奎本以下諸六臣本同，尤本無「先」字。謹案：晉·皇甫謐《高士傳·彭城老父》、《太平御覽》卷五百十引《高士傳》並有「先」字。語見《漢書·兩龔（龔勝）傳》，字正作「龔生」。毛本當從建本等，陳校當從《漢書》、尤本等。然「先生」與「生」，義同。《史記·儒林列傳》：「言禮自魯高堂生」索隱：「謝承云：『秦氏季代有魯人高堂伯，則伯是其字。云生者，自漢以來儒者皆號生，亦先生者，省字呼之耳。』」《漢書·高帝紀》：「（漢王）謂酈食其曰：『緩頰為說魏王豹，能下之，以魏地萬戶封生』」顏注：「生，猶言先生。」況李善所見本《漢書》，未必不作「先生」也。前胡不校，其亦有見於此歟？胡刻尤本有「先」字，可證陳氏所據尤本，有非黃丕烈舊藏本者。

理感深情慟，定非識所將　注：言己往日疑彼三人，迨乎今辰，己亦復耳。斯則理感既深，情便悲慟，定非心識之所能行也。王隱《晉書》曰：荀粲與傳嘏善，夏候玄亦親。常調嘏、玄曰：子等在世業間，功名玄必勝我，識減我耳。嘏難曰：能成功名者，識也，天下孰有本不足而末有餘者？粲曰：功名局之所獎，然則志自一物耳。固非識之所獨齊。我以能役子等為貴，未能齊子所為也。

【陳校】

注「疑彼三人」。「三」，「二」誤。又「傳嘏善夏候」。「傳」，「傅」誤、「候」，「侯」誤。又「功名玄必勝我」。「玄」字衍。又「功名局」。「局」上脫「志」字。

【集說】

胡氏《考異》曰：注「疑彼三人」。陳曰云云。是也，各本皆譌。

梁氏《旁證》曰：陳校「三」改「二」，是也。

姚氏《筆記》曰：注「功名局之所獎，然則志自一物耳。」「名」下、「志」下，皆增「局」字。

【疏證】

奎本以下諸六臣合注本、尤本悉作「傅」、「侯」、誤「三」、衍「玄」、脫「志」字。謹案：欲決作「二」作「三」之是非，首先，當明李善開頭幾句與徵引王隱《晉書》，各有司職：開頭是注者疏通兩句大意，自然與「二」、「三」有涉；徵引祇在釋下句之「識（心識）」字含義、來歷，與此無關。其次須明「二」、「三」之具體內涵，所指何人。陳氏未交待，前胡也闕如。應謂季札、彭城老父。此由上文及善注可證。遠在上三聯已有交待：「延州協心許，楚老惜蘭芳」，「延州」、「楚老」即此二人。其下聯：「解劍竟何及，撫墳徒自傷」，「解劍」、「撫墳」，明是分承二人；依次而下：「平生疑若人，通蔽互相妨」，李善惟恐讀者不明「若人」所指，因複下注曰：「若人謂延州及楚老也」；一路相承而下，直抵本聯，故本聯「言己往日疑彼三人」，「三人」，必是「延州」、「楚老」二人之譌。往日緣何「疑此二人」？所疑者何？即上詩云「通蔽互相妨」，善注所云：「令德高遠，是通也；解劍、撫墳是蔽也」。詩人是說以往自己於二人之德與行，難以理解。此是放縱，至本聯乃為收擒。始識：「斯則理感既深，情便悲慟，定非心識之所能行也」云云，後之讀者，不能不擊節李善解得深切。為何會作「三人」？此淺人妄改。因不知此聯乃就上三聯相承而下，又蔑視善注，不知本聯善注徵引王《晉書》之初衷，遽以彼書之荀粲、傅嘏、夏侯玄三人充之，豈非令人失笑？論《文選》校勘者，豈可不尋繹詩理、漠視善注哉？王隱《晉書》一節文字，亦見《三國志‧魏志‧荀彧傳》：「詵弟顗，咸熙中為司空」，裴注引「晉‧孫盛《晉陽秋》」，以裴注為詳備、準確。《冊府元龜‧清談》載魏《荀粲傳》一節，同裴注。今考其關鍵異文，果同陳校，如：「功名必勝我」，無「玄」字、「功名者，志局之所獎也」，不脫「志」字。又「志自一物」，「志」下複有「局」字，此則可補陳氏、姚氏、前胡校之不逮矣。

拜陵廟作一首　　顏延年

投迹階王庭　注：《周易》曰：夬揚於王庭。

【陳校】

　　注「夫揚」。「夫」，「夬」誤。

【疏證】

　　奎本以下諸六臣合注本、尤本悉作「夬」。謹案：語見《周易注疏·夬》，字正作「夬」。《漢書·藝文志》亦作「夬揚于王庭」，師古曰：「夬，卦之辭。」《玉海》卷四十四同。此毛本獨傳寫形近而譌，陳校當據《周易》、尤本等正之。

陪廁回天顧　注：《毛詩》曰：不明爾德，時無背無側；爾德不明，時無陪無卿。

【陳校】

　　「陪廁回天顧。」據注，「廁」，當作「側」。又注「時無陪無卿。」「時」，「以」誤。

【集說】

　　顧按：注當云「時無陪無廁。」疑此不引《毛詩》。

　　許氏《筆記》曰：注引「《毛詩》時無背無側；爾德不明，以無陪無卿。」是當作「陪側」。《史記·汲鄭傳》：「大將軍青侍中，上踞廁而視之。」如淳曰：「廁音側，謂牀邊也。」是廁與側，古字通。嘉德案：《說文》：「廁，清也。」古多借廁為側。如《史記·張釋之傳》「至霸陵居北臨廁」……蘇林曰：「廁，邊側也。」此注引「側」為證，當作「側」。

【疏證】

　　奎本、明州本、尤本悉同。贛本、建本下「時」作「以」，餘同。謹案：《毛詩》語，見《大雅·蕩》篇，字正作「以」，此陳校所據。《說文·廣部》：「廁」，段注：「古多叚廁為側」。徐灝箋：「廁，與側同」。明·馮惟訥撰《古詩紀·梁》王暕《觀樂應詔》：「幸叼東郭吹，側陪南風賞」。「側」下注：「一作廁」。宋·劉弇《龍雲集·送方絢解元赴試南宮用桂林一枝荊山片玉為韻八首》三：「春留棣萼好，影廁鶺原密」，「廁」下注：「一作側」。皆可為證。此

當善注作「廁」、五臣作「側」。五臣作「側」，向注可證。六臣合注本失著校語耳。然則，正文與注，皆不當改，陳校、顧說兩失之，顧「疑此不引《毛詩》」說，益非。《考異》不收此「疑」，亦可為一佐證。陳、顧皆因不明此處可通假爾。

晚達生戒輕　注：王逸《晉書》曰：孔坦上表曰：士死如遇，恩令命輕。

【陳校】

　　注「王逸《晉書》」。「逸」，當作「隱」。又「士死如遇」。「如」，「知」誤。

【集說】

　　余氏《音義》曰：「逸晉」、「如遇」。六臣本「逸」作「隱」，「如」作「知」。

　　胡氏《考異》曰：注「王逸《晉書》曰。」袁本、茶陵本「逸」作「隱」。是也。

　　梁氏《旁證》曰：六臣本「逸」作「隱」。是也。

【疏證】

　　奎本以下諸六臣合注本作「隱」、「知」。尤本誤「逸」、作「知」。謹案：「隱」、「逸」合之則一辭，此或尤本因而誤用，毛本誤從之。本書謝靈運《擬魏太子鄴中集詩·劉楨》「矧荷明哲顧，知深覺命輕」注引孔表亦誤作「逸」，「知」字則不誤。陳校當據贛本等正之。

陵邑轉蔥青　注：《漢書·景帝紀》曰：作陽陵。張晏曰：景帝作壽陵，起邑。

【陳校】

　　注「作陽陵」。「陵」下，脫「邑」字。

【集說】

　　胡氏《考異》曰：注「作陽陵」。陳曰云云。是也，各本皆脫。

　　梁氏《旁證》曰：陳校「陵」下添「邑」字。各本皆脫。

【疏證】

　　奎本以下諸六臣合注本、尤本悉脫。謹案：《漢書·景帝紀》正作「陽陵邑」，本書顏延年《宋文皇帝元皇后哀策文》「夷體壽原」注引同。毛本脫當誤從尤本等，陳校蓋從《漢書》、本書內證等正之。但據張注，亦見當有「邑」字。

皇心憑容物，民思被歌聲　注：皇心，謂文帝也。司馬彪《續漢書》曰：根車旋，載容（依）〔衣〕。被歌聲，班固《漢書贊》曰：元帝自度曲，放歌。

【陳校】

注「自度曲，放歌」。「放」，「被」誤。

【集說】

胡氏《考異》曰：注「被歌聲」。案：此三字不當有。各本皆衍。

梁氏《旁證》同胡氏《考異》。

【疏證】

奎本以下諸六臣合注本、尤本悉作「被歌」，脫「聲」字。謹案：語見《漢書‧元帝紀贊》，正作「元帝自度曲，被歌聲。」「放」字，毛本獨譌；脫「聲」字，則誤從尤本等。陳校當從《漢書》正之。前胡所謂注「被歌聲」三字，蓋指「班固」上三字，非謂「度曲」下三字。前胡或因「度曲」下三字，而判「班固」上三字為衍，非是。蓋彼復引正文為注釋對象，猶同善釋上句「皇心憑容物」，先引正文「皇心」，後施注「謂文帝也」。「班固」上三字，本非《續漢書》語，本書謝希逸《宋孝武宣貴妃誄》「慟皇情於容物」注引「司馬彪《[續]漢書》曰：根車旋，載容衣」，無此三字可為證。

未殊帝世遠，已同淪化萌　注：言帝威靈若存，故未殊其遠；而已質雖存，其神已謝，改同乎淪化之萌也。

【陳校】

注「言帝威靈若存」。「帝」下，脫「澤被天下」四字。又「改同乎淪化」。「改」，「政」誤。

【集說】

胡氏《考異》曰：注「言帝澤被天下」。袁本、茶陵本無「澤被天下」四字。

梁氏《旁證》曰：注「言帝威靈若存」。尤本「帝」下有「澤被天下」四字，當據補。

【疏證】

奎本以下諸六臣合注本無「澤被天下」四字、作「故」。尤本有「澤被天下」、作「故」。謹案：四字，陳校蓋從尤本補，尤本或有所出。毛本從建本等，而傳寫譌「改」。隔句為對，諸本「改」皆作「故」，是；陳校作「政」，亦無據。

出郡傳舍哭范僕射一首　任彥昇

題下注：劉璠《梁典》曰：任昉自義興貽沈約書曰……劉熙《釋名》曰：傳，舍言也。使人所止息。而去後復來，轉相傳也。《風俗通》曰：諸有傳信，乃得舍於傳也。

【陳校】

題注「自義興」。「興」，「興」誤。又「傳舍言也」。「傳」下脫一「傳」字、「言」字衍。

【集說】

余氏《音義》曰：「義興」。「興」，何改「興」。又曰：「傳，舍言也」。何曰：《釋名》作「傳，傳也」。

胡氏《考異》曰：注「傳，舍也」。袁本、茶陵本重「傳」字。案：今《釋名》：「傳，傳也。」蓋尤本刪下「舍」字而誤去「傳」字。

梁氏《旁證》曰：注「傳舍言也」。「言也」二字互倒。尤本無「言」字，六臣本作「傳，傳舍也」。案：今《釋名》作「傳，傳也」。

姚氏《筆記》曰：「傳」下重一「傳」字。「舍」下滅「言」字。

【疏證】

奎本以下諸六臣合注本、尤本悉作「興」、「傳，傳舍也」。謹案：據注下文「然此郡謂義興也」，《梁書》本傳云：「天監二年，出為義興太守」，皆可證「興」字是。前胡以今《釋名》：「傳，傳也」，考所見尤本（胡本）之誤，誠確。今本《釋名・釋宮室》曰：「傳，傳也。人所止息。而去後人復來，轉相傳，無常主也。」「傳」，既歸「宮室」，則「舍」字不必有也。細玩《釋名》下文「使人所止息」云云及《風俗通》語，即可悟之。又，前胡之考雖是，然亦是就誤本為說。毛本傳寫獨因形近譌「興」；又，涉上脫一「傳」字、涉下

音近，衍一「言」字，陳校當據《梁書》、尤本等正之。本條亦可見何、陳、前胡三家校選之高下。姚氏《筆記》悉同陳、何校。

平生禮數絕　注：《在氏傳》曰：名位不同。

【陳校】

注「《在氏傳》」。「在」，「左」誤。

【疏證】

奎本以下諸六臣合注本、尤本悉作「左」。謹案：「名位」云云，語見《春秋左傳注疏・莊公十八年》，固當作「左」。本書嵇叔夜《養生論》「知名位之傷德」注、陸士衡《五等論》「猶保名位」注引並作「左」。此毛本手民偶誤，陳校當不煩尤本及《左傳》，應手可正爾。

式瞻在國楨　注：女史曰；式瞻清懿

【陳校】

注「女史」下，脫「箴」字。

【集說】

胡氏《考異》曰：注「女史曰」。何校「史」下脫「箴」字。陳同。各本皆脫。

梁氏《旁證》同胡氏《考異》。

姚氏《筆記》曰：「史」下增「箴」字。

【疏證】

奎本以下諸六臣合注本、尤本悉脫。謹案：「式瞻清懿」語，見本書張茂先《女史箴》。《太平御覽》卷一百三十五《總序后妃》引張華此語正作「《女史箴》」。毛本當誤從尤本等，陳、何、姚氏校，並是。

攜手遁衰孽　注：班固《漢書・述》曰：攜手遁于秦。

【陳校】

注「遁于秦」。「于」字，衍。

【集說】

胡氏《考異》曰：注「攜手遁于秦。」陳曰云云。是也，各本皆衍。

梁氏《旁證》曰：陳校去「于」字。各本皆衍。

姚氏《筆記》：樹按：注「攜手」，改「四皓」。

【疏證】

奎本以下諸六臣合注本、尤本悉有「于」。謹案：語見《漢書·敘傳·述張耳陳餘傳》，正無「于」字。本書袁彥伯《三國名臣序贊》「撫翼桑梓」注、劉孝標《廣絕交論》「張王撫翼於陳相」注引《漢書·述》亦無「于」字。應劭《風俗通義·窮通》亦作「攜手遯秦」。毛本當誤從尤本等，陳校當據《漢書》、本書內證等正之。

潛沖得茂彥，夫子值狂生　注：《梁典》曰：范雲為吏部尚書。又曰：昉為東廡侍郎。

【陳校】

注「東廡侍郎」。「東廡」，當作「吏部」。

【集說】

余氏《音義》曰：「東廡」。何改「吏部」。

梁氏《旁證》曰：毛本「吏部」作「東廡」。誤。

姚氏《筆記》：樹按：注「東廡」改「吏部」。

【疏證】

奎本、尤本作「吏部」。明州本、贛本、建本悉無「《梁典》曰」下至「侍郎」十八字。謹案：《梁書·任昉傳》載任「重除吏部郎中」，二任「郎中」事。「《梁典》」十八字，尤本當據別本補。毛本宗尤本而傳寫偶誤，陳、何校蓋據尤本正之。

又注：《淮南子》曰：臺無所鑒，謂之狂生。高誘曰：臺，持也。所鑒者非玄德，故為狂生。臺，古握字也。

【陳校】

注「臺無所鑒」。「臺」，當作「蠡」。下同。

【集說】

胡氏《考異》曰：注「臺無所鑒」。陳曰云云。是也，各本皆譌。

王氏《讀書志》曰：「其所居神者，臺簡以遊大清。」高誘注：「臺，猶持也。」錢氏獻之曰：「臺，當作蠹。《說文》：『蠹，古握字。』故注訓為持。蠹與臺，形近致譌耳。」《淮南子‧俶真訓》「臺簡」。王氏又曰：「持無所監，謂之狂生。」今本高注曰：「持無所監。所監者非玄德，故為狂生。」李善注《文選》任昉《哭范僕射》詩曰：「《淮南子》曰：臺無所監」云云。念孫案：如李注所引，則今本正文及高注皆經後人刪改明矣。又案：臺與握不同字。臺，當為「蠹」字之誤也。《說文》：「蠹，古文握」，故高注云：「蠹，持也」、又云：「蠹，古握字也。」後人不知「臺」為「蠹」之誤，而改「臺」為「持」，又改高注「臺，持也」，為「持無所監」，並刪去「臺，古握字也」五字，以滅其跡。甚矣，其妄也。《淮南子‧詮言訓》「持無所監」條。王氏又曰：《詮言篇》：「蠹無所監，謂之狂生。」高注：「蠹，持也。所監者非玄德，故為狂生。蠹，古握字也。」後人改「蠹」為「持」，又改注文之「蠹，持也」，為「持無所監」，並刪去「蠹，古握字也」五字矣。《淮南子‧淮南內篇跋》條。

梁氏《旁證》同胡氏《考異》。

姚氏《筆記》曰：注「《淮南子》曰：臺無所鑒，謂之狂生。」「臺」，改「蠹」。樹按：《玉篇》無「蠹」字。

朱氏《集釋》曰：案：《說文》：「握，搤持也。」重文為「蠹」，云：「古文握。」注作「臺」，蓋字形相似而誤。此所引《淮南》，見《詮言訓》。今本高注於「元德也」下云：「持無所鑒。所持者非元德，故謂之狂生。」李注刪其文，則義不貫。又《俶真訓》曰：「其所居神者，臺簡以遊大清。」段氏謂：「此臺，亦疑蠹之誤。」是也。又案：《釋名》：「臺，持也。築土堅高，謂能自勝持也。」段氏又謂：「古臺讀同持。心曰『靈臺』，謂能持物，則《淮南》語即作臺亦可通。」余謂：《說文》「臺」字無他訓，《釋名》每近於鑿，似不如從「蠹」字為得。

薛氏《疏證》曰：案：《淮南子‧俶真訓》：「其所居神者，臺簡以遊大清。」高誘注：「臺，猶持也。」《文選》注之「臺」及《淮南子》注之「臺」，皆當作「蠹」。《說文》「握」字下云：「搤持也。」「蠹」字下云：「古文握。」「蠹」與「臺」形近，故致訛耳。錢坫《校淮南子》亦謂：「臺，當作握。」

胡氏《箋證》曰：按：今《詮言篇》「蠹」作「持」，刪去注文。王氏念孫校《淮南》自注：見《讀書志》改「持」為「蠹」，是也。《說文》：「蠹，古文握。」善引高注與許合。此「蠹無所鑒」，「蠹」字誤「臺」。

　　許氏《筆記》曰：注「𡊪無所鑒，謂之狂生。𡊪，古握字也。」案：《說文》：「𡊪，古文握。」一從手從宀從至，一從手從尸從至。宀，為交覆深屋，象形。尸象屋形，室、屋皆從至，故手下室，手旁屋同一字。《說文》亦以「𡊪」為古文「屋」。嘉德案：《說文》「握」字，古文作「𡊪」，同字也。段注亦引《淮南》「𡊪無所鑒」及高注「𡊪持」為證。而《說文》「屋」之古文，又作「𡊪」。段曰：「此古文握字，見《淮南》書。淺人補入屋下耳。」然則，「屋」下古文不當有「𡊪」字。各本《文選》注中或作「臺」，或作「𡊪」，皆「𡊪」之譌。

【疏證】

　　明州本、贛本、尤本、建本作「臺」。奎本作「𡊫」。謹案：「𡊫」與「臺」同。綜上諸家，可概括為三說：《文選》「臺」，陳校作「𡊪」，二許主「𡊪」。段說先主「臺」，後改「𡊪」。其餘諸家，則宗陳校。當以陳校最是，王氏《讀書志》校《淮南子》三條，言之審而詳，故朱氏、後胡皆有援引。段說見於《說文注》中論「臺」、「握」、「屋」三字下。諸家援引，大抵節取，而段氏說又有前後變化，故先備引並及《說文》相關內容，籍以明真相。《說文·尸部》：「屋，從尸。尸，所主也。一曰：尸象屋，從至。至，所止也。屋、室皆從至。……𡊪，古文屋。」段注曰：「室下亦曰：『至，所止也。』按：此字蓋即《手部》古文握字。見於《淮南》書。淺人補入此耳。」又，《說文·至部》「臺，觀四方而高者。從至從之從高省。與室、屋同意。之聲。」段注曰：「《釋名》：『臺，持也。築土堅高，謂能自勝持也。』古臺讀同持。心曰靈臺，謂能持物。《淮南子》：『其所居神者，臺簡以遊大清』，注：『臺，持也。』又，『臺無所鑒，謂之狂生。』注：『臺，持也。』此皆作臺，自可通。或作古文握，古文握與臺形相似。與室、屋同意者，室、屋篆下皆云：『從至者，所止也。』是其意。徒哀切。」又，《說文·手部》「握，搤持也。從手，屋聲。𡊪，古文握」，段注曰：「《淮南·詮言訓》：『𡊪無所鑒，謂之狂生。』高注：『𡊪，持也。』所鑒者，玄德也。持無所鑒，所持者非玄德，故謂之狂生。合《文選》任彥昇《哭范僕射詩》注及今本《淮南子》可得其真矣。《俶真訓》曰：其所居神者，臺簡以遊大清。此臺亦疑𡊪之誤。」初，段氏於《至部》引《淮南子》《俶真訓》、《詮言訓》及高注，並作「臺」，取《釋名》以「持」釋「臺」，而至注《手部》則引《淮南·詮言訓》及高注並作「𡊪」，又疑《俶真訓》之「臺」為

「臺」之誤矣。愚亦以段後說為得。段氏既以後說為準，卻又保留前說，故有朱氏《集釋》之議。朱亦是「壓」而否定其前說云：「《說文》臺字無他訓」，又以《釋名》「臺，持也」之說近於鑿。王先謙《釋名疏證補・釋宮室》「臺」下引葉德炯曰：「《淮南・俶真訓》：『臺簡以游太清』，高誘注：『臺，猶持也。』按《說文》：『握，搤持也。』下重文列古文作壓，與臺形近，疑古握、臺為一字，故均有持訓也。握，從手握聲。屋，從尸從至。臺從之從至從高省。《說文》凡二從字，其一多兼聲。屋、臺疑均從至得聲，至、持一韻，故聲、義相通假也。又，屋下古文作壓，亦與臺、壓形相近。」葉主「臺」說。亦以「古握、臺為一字」。今按：臺、握，其韻之、屋旁對轉，韻部相近，而其紐定、影母相差甚遠，故臺、握非為一字。葉又以「臺」與「屋」聲義相通，亦未得其實。臺有「持」訓，一如朱說「《說文》臺字無他訓」，惟見《釋名》，孤證難從。倘執《淮南》高注為據，則未讀段注耳。至謂二字音近，亦非，蓋屋、臺縱以「均從至得聲」，而其紐如握、臺，亦相差亦遠，不得為通假矣。最後說二許。《說文》古文「握」傳寫引出多種異體，陳改之「壓」、段校之「壓」、葉說之「壓」，實為一字，許巽行以為當作「壓」，改「𣥮」為「宀」，似無大礙，嘉德則別出心裁，以「壓」與「壓」為二字，復以「臺」、「壓」並為「壓」之譌，則大不然也。現在，似可下一結論：本條三「臺」字，並當作「壓」。上諸《文選》本作「臺」皆誤，毛本蓋誤從尤本等，陳校當從《說文》正之。

將乖不忍別，欲以遣離情　注：言⋯⋯欲留少頃，以遣離曠之情也。

【陳校】

　　注「欲留少頃」。「少」下，舊本有「選之」二字。

【集說】

　　顧按：「少選」，見《呂氏春秋》。

【疏證】

　　奎本以下諸六臣合注本同。尤本有「選之」二字。謹案：本書枚叔《七發》「發怒庢沓，清升踰跰」注：「言初發怒礙止而涌沸，少選之頃，清者上升，遞相踰跰也。」又沈休文《齊故安陸昭王碑文》「祚始玉筐」善注引《呂氏春秋》有娀氏二佚女吞鷰遺卵，生契之故事，亦有「少選」字。高誘注：「少

選，須臾。」見《季夏紀·音初篇》。顧氏所言，或正據此，亦廣異聞而已。毛本當誤從六臣合注本，陳校當據尤本補正。「少選」，至今仍留吳方言口語中。

弗覿朱顏改　注：《楚辭》又曰：容則秀雅，雅朱顏。

【陳校】

注「雅朱顏」。「雅」，「稚」誤。

【集說】

胡氏《考異》曰：注「又曰：容則秀雅，稚朱顏。」袁本、茶陵本無此九字。

【疏證】

尤本作「稚」。奎本以下諸六臣合注本無此九字。謹案：語見《楚辭章句·大招》：「容則秀雅，穉朱顏只」，正作「雅穉」，本書《古詩十九首（南國）》「時俗薄朱顏誰」注引同。又，王康琚《反招隱詩》「凝霜潤朱顏」注引《楚辭》則作「容則秀稚朱顏」，「稚」上脫「雅」字。毛本當從尤本系統本而有誤脫，陳校當據《楚辭》、本書內證、尤本等補正。

寧知安歌日　注：《楚辭》曰……王逸曰：安息歌今自寬慰也。

【陳校】

注「安息歌今」。「息」，「意」誤、「今」，「吟」誤。

【集說】

胡氏《考異》曰：注「安意歌今」。陳曰云云。是也，各本皆誤。

梁氏《旁證》曰：尤本「息」作「意」。陳校「今」改「吟」。各本皆誤。

【疏證】

明州本、贛本、建本誤悉同。奎本、尤本作「意」、誤「今」。謹案：語見《楚辭章句·九歎·憂苦》「翔江洲而安歌」王逸注，正作「意」、「吟」。本書嵇叔夜《琴賦》「拊絃安歌」注引同。毛本當從建本等，陳校當從《楚辭》、本書內證、尤本等正之。

輟舂哀國均 注：《毛詩》曰：尹氏太史，維周之氐。兼國之均，四方是維。

【陳校】

注「尹氏太史。」「史」，「師」誤。「兼國之均。」「兼」，「秉」誤。

【疏證】

奎本以下諸六臣合注本、尤本悉作「師」、「秉」。謹案：語見《毛詩注疏‧小雅‧節南山》，字正作「師」、「秉」。《荀子‧宥坐篇》、《漢書‧律曆志》、《太平御覽》卷二百六引並作「師」、「秉」。本書王仲寶《褚淵碑文》「秉國之均，四方是維」注：「《毛詩‧小雅》文也。」潘元茂《冊魏公九錫文》「君秉國之均」注引《毛詩》並作「秉」。毛本或因史、師音近；兼、秉，形近而譌。陳校蓋從《毛詩》、本書內證、尤本等正之。又，頗疑作「史」，蓋譌晉、作「兼」則譌唐也。《隋書‧律曆志上》引作「尹氏太師，執國之鈞」，亦譌「秉」作「執」，可見其中消息，然則，毛本當有所本。

贈蔡子篤詩一首　王仲宣

題下注：《晉官名》曰：蔡睦，字子篤。為尚書。

【陳校】

題注「晉官名」。「晉」下，脫「百」字。又「《晉百官名》」。裴松之注《國志》屢引之，亦云「不知誰撰」。其書又一名《武帝百官名》。蔡子篤既與王仲宣為友，安得逮晉武乎？所引書名當有誤。

【集說】

余氏《音義》曰：「官名」上，何增「百」字。

胡氏《考異》曰：注「《晉百官名》曰。」何校「官」上添「百」字。陳同。案：「晉」上當有「魏」字。《隋書‧經籍志》；「《魏晉百官名》五卷」、「《晉百官名》三十卷」並載，皆無撰人名。《晉書‧蔡謨傳》曰：「曾祖睦，魏尚書。」可見此所引乃《魏晉百官名》，而非《晉百官名》也。各本皆脫。陳又云：「所引書名當有誤。」是矣，但失檢《隋志》耳。

張氏《膠言》曰：題下注引「《晉官名》曰」云云，胡中丞云「晉上當有魏字」云云。

梁氏《旁證》曰：何校「官」上添「百」字。胡公《考異》曰云云。

姚氏《筆記》曰：注「晉官名」。「官」上增「百」字。

許氏《筆記》曰：題下注「晉百官名」。脫「百」字，今補。胡曰「晉上當有魏字」云云。

【疏證】

尤本、奎本以下諸六臣合注本悉脫。謹案：《魏晉百官名》見《隋書・經籍志二》。然類書又有「《魏百官名》」其書，如《太平御覽》卷三百五十、卷三百五十八等，《北堂書鈔》卷一百二十六「高橋」注、「萬歲郫泥」注，《初學記》卷二十二「馳鞭」注並有引用，「晉」字安知非「魏」之譌與？且善注下文作「為尚書」，作「為」不作「魏」，與《晉書・謨傳》稱魏，疆域犁然，似亦《魏百官名》之口氣。又或《隋志》「《魏晉百官名》」，乃《魏百官名》與《晉百官名》之合稱。然則，陳、何校固非，前胡亦未必確也。毛本當誤從尤本等。陳於前胡猶有啟發之功。

及于同寮

【陳校】

「于」，「子」誤。

【疏證】

諸《文選》本咸作「子」。謹案：此毛本獨因形近或涉上「不遷于時」而譌，陳校當從尤本等正之。

生死同之

【陳校】

「同」，「固」誤。

【集說】

孫氏《考異》曰：「固」，一本作「同」。

【疏證】

諸《文選》本咸作「固」。謹案：五臣亦作「固」，向注可證。此毛本獨因形近而譌。陳校當從尤本等正之。孫氏所據為康熙錢士謐重刻毛本，此所謂「一本」，似即指毛本。

涕淚漣洏　注：《周易》曰：泣血漣洳。杜預《左氏傳注》曰：而，語助也。

【陳校】

注「泣血漣洳。」「洳」，「如」誤。

【集說】

胡氏《箋證》曰：按：依注則正文本作「漣而」。「漣而」猶「漣如」，「而」、「如」聲之轉。五臣作「洏」，云「洏，亦淚流也。」則強為之解耳自注：本書《祭古冢文》「縱錑漣而」注引杜注與此同，亦誤作洏。詳彼文。

許氏《筆記》曰：「洏」，依注作「而」。注引「泣血漣如。杜曰：』而，語助也。』」「而」、「如」古字通。嘉德案：五臣濟注曰：「洏，亦淚流也。」是則五臣乃作「洏」。胡云「今各本皆以五臣亂善」。

【疏證】

奎本以下諸六臣合注本、尤本悉作「如」。謹案：語見《周易注疏・屯》，字正作「如」，本書班叔皮《北征賦》「泣漣落而霑衣」注、謝惠連《祭古冢文》「縱錑漣而」注引《周易》並同。陳校當從《周易》、本書內證、尤本等正之。「洳」雖與「如」通，然善「如」與五臣「洏」有別，不得淆混。參拙著《何校集證》謝惠連《祭古冢文》「縱錑漣而」條。

贈士孫文始一首　王仲宣

題下注：《三輔決錄》趙岐注曰：士名萌，字文始……初董卓誅也……於今詩猶存也。

【陳校】

題注：「《三輔決錄》趙歧注。」「趙歧」二字衍。歧著《三輔決錄》，晉摯虞作注。下云「於今詩猶存」，即虞自謂作注之時耳。又「董卓誅」。「卓」下脫「之」字。

【集說】

胡氏《考異》曰：注「《三輔決祿》趙歧注。」陳曰云云（「三輔決錄趙歧注」下至「之時耳」）。案：所校是也，各本皆誤。

　　張氏《膠言》曰：題下注引「《三輔決錄》趙歧注。」胡中丞云：「陳校：『趙歧』二字衍。《三輔決錄》晉摯虞注下云：『於今詩猶存』，即虞自謂作注之時耳」。

　　梁氏《旁證》曰：陳曰：「『趙歧』二字衍。」是也。歧著《三輔決錄》，晉摯虞作注。下云「於今詩猶存」，即虞自謂作注之時耳。

　　姚氏《筆記》曰：「初董卓誅也。」「卓」下增「之」字。

　　許氏《筆記》曰：題下注「《三輔決錄》趙歧注。」案：《三輔決錄》趙歧撰，摯虞作注。此云「趙歧注」，誤也。

【疏證】

　　奎本以下諸六臣合注本、尤本悉衍「趙歧」二字、有「之」字。謹案：本書江文通《雜體詩·左記室思》「顧念張仲蔚」注、《詣建平王上書》「仲蔚杜門於西秦」引誤並同。任彥昇《為蕭楊州作薦士表》「豈直鼮鼠有必對之辯」注作「摯虞《三輔決錄注》曰」云云，不誤。王仲寶《褚淵碑文》「漢結叔高」注兼引《三輔決錄》及「摯虞曰」云云，「虞」下脫「注」字。《隋書·經籍志二》載：「《三輔決錄》七卷。漢太僕趙歧撰，摯虞注」。陳校當據《隋書》、本書內證等正之。

比德車軌　注：《左大傳》曰：宮之奇曰：諺所謂輔車相依。

【陳校】

　　「軌」，當作「輔」。又注「《左大傳》」。「大」，「氏」誤。

【疏證】

　　奎本以下諸六臣合注本、尤本悉作「輔」、「氏」。謹案：語見《左傳·僖公五年》，正作「氏」、作「輔」。但據注文，亦可正「軌」之譌。本書陳孔璋《為曹洪與魏文書》「宮奇在虞」注、孫子荊《為石仲容與孫皓書》「外失輔車脣齒之援」注、干令升《晉紀總論》「而東支吳人輔車之勢」注、陸士衡《辯亡論下》「曰吳蜀脣齒之國」注等引並作「氏」、作「輔」。毛本二處獨誤，陳校當從《左傳》、本書內證、尤本等正之。

淹彼南氾　注：《毛詩》曰：江有氾。之子歸不我已。

【陳校】

　　按：觀後「澹醴」、「唐林」之注，則澹津亭，在今湖南常、澧之交，「南

氾」，為洞庭也。下文云「蠻裔」，以地介五溪不毛之地故也。

【疏證】

奎本以下諸六臣本、尤本悉同。謹案：此陳氏補注李善之不及耳。亦可見陳氏擅長地志之校。

人亦有言，靡日不思　注：《毛詩》曰：人亦有言，靡詰不思。又曰：有懷于衛，靡日不思。

【陳校】

注「靡詰不思。」「詰」，「喆」誤、「思」，「愚」誤。

【疏證】

奎本、明州本、贛本、尤本作「喆」、「愚」。建本作「喆」、誤「思」。謹案：語見《毛詩注疏・大雅・抑》，字正作「喆」、「愚」。本書陸士衡《贈馮文熊遷斥丘令》「人亦有言」注引作「哲」、「愚」。謹案：「哲」與「喆」同。奎本、尤本等是。毛本作「詰」，蓋因與「喆」形近；作「思」與建本同，陳校當從《毛詩》、本書內證、尤本等正之。善注引《毛詩》，上二句釋「人亦有言」；下二句解「靡日不思」。建本等「愚」之誤「思」，蓋誤涉注下文耳。本條再透露出毛本與建本存在某種聯係。

悠悠澹澧，鬱彼唐林　注：《晉書》曰：天門有零陽縣，南平郡有作唐縣。盛弘之《荊州記》曰：零陽東接作唐。然此三縣連延相接。

【陳校】

注兩「零陽」，並當作「澧陽」。「三縣」，當作「二縣」。

【疏證】

奎本、明州本、尤本、建本上「零陽」同、下作「零陵」；作「三縣」。贛本兩見「零陽」、作「三」。謹案：《晉書・地理志下》「天門郡」並載「零陽」、「澧陽」，然東接「作唐」者，為「澧陽」。善注引《晉書》祗涉「澧陽」、「作唐」二縣，後緊接引《荊州記》，不過言此二縣相接，並不及他縣，故作「三縣」者，亦淺人妄改。上諸《文選》本作「零陽」、「零陵」、「三」者並誤。毛本當從尤本等，陳校當據《晉書》正之。此亦前胡漏錄、漏校者。

贈文叔良一首　　王仲宣

題下注：獻帝初平中，王粲倚荆州劉表。

【陳校】

題注「倚荆州劉表」。「倚」，「依」誤。

【疏證】

奎本以下諸六臣合注本、尤本悉作「依」。謹案：《魏志·王粲傳》作「乃之荆州依劉表」，《太平御覽》卷三百八十二引同。此毛本獨因音近而譌。陳校當從《魏志》、尤本等正之。

來世之矩　　注：《尚書》曰：于恐來世，以台為口實。

【陳校】

注「于恐來世」。「于」，「予」誤。

【疏證】

奎本以下諸六臣合注本、尤本悉作「予」。謹案：語見《尚書注疏·商書·湯誓》，字正作「予」。《北堂書鈔》卷八、《冊府元龜》卷三十七同。本書陸士衡《文賦》「俯貽則於來葉」注、蔡伯喈《郭有道碑文》「嗟爾來世」注引並作「予」。此毛本獨因形近而譌。陳校當從《尚書》、本書內證、尤本等正之。

董褐荷名　　注：《國語》曰：（晉師）乃令董褐請事曰：今大國越境……敢請辭故。

【陳校】

注「敢請辭故。」「辭」，「亂」誤。

【集說】

胡氏《考異》曰：注「敢請辭故。」陳曰云云。是也，各本皆譌。

梁氏《旁證》曰：陳曰：「辭，當作亂。」

【疏證】

奎本、贛本、尤本、建本誤同。明州本無「《國語》」以下至「何有於周室」二百餘字，此語正在其中。謹案：事見《國語·吳語》，字正作「亂」，並有韋昭注云：「敢問先期亂次之故。」《文選》諸本皆因二字形近致譌，陳校當

從《國語》、尤本等正之。

又注：上帝鬼神而不可以之告。

【陳校】

注「而不可以之告」。「之」字衍。

【集說】

余氏《音義》曰：「之告」。何「之」字刪。

胡氏《考異》曰：注「而不可以之告」。何校刪「之」字。陳同。各本皆衍。

梁氏《旁證》曰：何曰：「之字當刪」。

【疏證】

奎本、贛本、建本、尤本衍同。明州本奪文同上。謹案：語亦見《國語‧吳語》，正無「之」字，毛本當誤從尤本等，陳、何當據《國語》刪之，是。

又注：孤用視聽命於藩離之外

【陳校】

注「孤用視聽命」。「視」，「親」誤。

【集說】

余氏《音義》曰：「視聽」。「視」，何改「親」。

胡氏《考異》曰：注「孤用視聽命」。何校「視」改「親」。陳同。各本皆譌。

梁氏《旁證》曰：何曰：「視，當作親。」陳同。

【疏證】

尤本、建本同。奎本作「是」。贛本作「親」。明州本奪文同上。謹案：語見《國語‧吳語》。正作「親」。尤、建二本蓋形近而譌，毛本當誤從之。陳、何校蓋從《國語》、贛本等正之。

又注：今君掩王東海。

【陳校】

注「掩王東海」。「掩」，「奄」誤。

【疏證】

奎本、贛本、尤本、建本作「奄」，明州本奪文同上。謹案：掩，從「奄」得聲，字或得通。《方言》卷三：「掩，同也。江淮南楚之閒曰掩。」戴震疏證：「案：掩、奄古通用。《詩·周頌》：『奄有四方』，毛《傳》：『奄，同也。』」本書《東京賦》：「掩觀九隩，靡地不營」薛綜注：「掩，猶及也。」漢·趙君卿注《周髀算經》卷上之二作「奄觀」。皆其證。毛本當別有所本，陳氏未免拘泥。戴氏引《詩》，見《周頌·執競》篇。

又注：君若卑天子，以于其不祥。

【陳校】

注「卑」上脫「無」字、「于」，「干」誤。

【集說】

余氏《音義》曰：「以于」。「于」，何改「干」。

胡氏《考異》曰：注「君若卑天子。」陳云：「卑上脫無字。」是也，各本皆脫。

梁氏《旁證》曰：陳曰：「卑上脫無字。」是也。

姚氏《筆記》曰：「卑」，何改「無」。

【疏證】

奎本、明州本、尤本、建本脫「無」字。贛本獨作「無卑」。上諸本悉作「干」。謹案：語見《國語·吳語》，字正作「無卑」、作「干」，並有韋昭注：「干，犯也。」「無」字，毛本當誤從尤本等脫；「于」字，獨因形近而譌。陳、何校當從《國語》、贛本等補正之。

眾不可蓋，無尚我言　注：《家語》：金人銘曰：君子之天下之不可蓋也……我，穀良也。

【陳校】

注「君子之天下」。「之」，「知」誤。又「穀良也」。「穀」，「叔」誤。

【集說】

余氏《音義》曰：「之天」。「之」，何改「知」。

【疏證】

奎本以下諸六臣合注本、尤本悉作「知」。奎本以下諸六臣合注本無「我，穀良也」四字。尤本作「叔」。謹案：漢・劉向《說苑・敬慎》、宋・薛據《孔子集語》卷上引，並作「知」字。吳語不分「之」、「知」，毛本獨因音近而譌「之」；「穀」，毛本從尤本而傳寫復有誤。

梧宮致辯，齊楚構患　注：《說苑》曰：（子胥）將兵伐楚王復父讎。

【陳校】

注「伐楚王復父讎」。「王」，「以」誤。

【疏證】

奎本、贛本、尤本、建本作「以」。明州本省作「善同銑注」。謹案：今本《說苑・奉使》作「將吳兵復讐乎楚」，《太平御覽》卷七百七十九引《說苑》同，與善所見本不同。毛本從尤本等傳寫有誤，陳校當從尤本等正之。

江漢有卷，允來厥休　注：言江漢之君，有席卷之志，信服而來，自是其美，非汝之功也。

【陳校】

注「言江漢之君」以下五句，當從舊本削去為是，蓋誤如劉良注耳。

【集說】

余氏《音義》曰：「言江漢」此下五句，考六臣本即良注，但詞小異。

胡氏《考異》曰：注「言江漢之君」下至「非汝之功也」。袁本、茶陵本無此二十二字。何校云：「考六臣本，即良注。」陳云：「削去為是。」案：所校是也。

梁氏《旁證》曰：注「言江漢之君」下至「非汝之功也」。陳曰：「此良注，削去為是。」

許氏《筆記》曰：注「言江漢之君」下至「非汝之功也」二十三字，五臣注誤入。削。

【疏證】

尤本同。奎本以下諸六臣合注本此二十二字悉屬良注。謹案：毛本誤從尤本，陳校蓋據六臣合注本刪之。此條再證：尤本出自六臣合注本，而且觭

贛本為重，蓋此二十二字，位在善曰「言彼二國席卷而來，信汝之美也」之後，而非如六家本居善注前，此可為證。

敢詠在舟　注：《鄧折子》曰：同舟渡海，中流遇風。

【陳校】

注「鄧折」。「折」，「析」誤。

【疏證】

奎本以下諸六臣合注本、尤本悉作「析」。謹案：語見周·鄧析《鄧子·無厚篇》。《隋書·經籍志》三：「《鄧析子》一卷」注：「析，鄭大夫。」然六朝以來，邊旁才、木，俗寫不分，遂有此累。直至字書，如《康熙字典》，多見之。毛本從尤本，而傳寫從俗而誤，陳校當從《隋書》、尤本等正之。

贈五官中郎將四首　劉公幹

（昔我）昔我從元后　注：表書曰：眾非元后何戴？

【陳校】

注「表書曰」。「表」，「尚」誤。

【疏證】

奎本以下諸六臣合注本、尤本悉作「尚」。謹案：語見《尚書注疏·虞書·大禹謨》。《國語·周語上》內史對曰：「《夏書》有之，曰：『眾非元后何戴？』」韋昭注：「《夏書》，逸書也。元，善也。后，君也。戴，奉也。」然則，「表」，與「夏」形近，當「夏」之誤也。毛本所從本作「夏書」，亦容有來歷。陳氏則從《尚書》、尤本等校。

（余嬰）步趾慰我身　注：《左氏傳》：蔿啟強曰：今君親步玉趾。

【陳校】

注「蔿啟強」。「強」，「疆」誤。

【集說】

胡氏《考異》曰：注「蔿啟強曰」。陳曰云云。是也，各本皆譌。

梁氏《旁證》曰：陳校「強」改「疆」。各本皆誤。

【疏證】

　　奎本、明州本、尤本、建本同。贛本作「彊」。謹案：語見《春秋左傳注疏·昭公七年》，字作「蒍（蒍同）啟彊」。明·陸粲《左傳附注》卷五：「（襄公）二十四年蒍啟彊：彊，其良反。又居良反。」注：「居良反」，是古字。彊，與疆通。顏師古《匡繆正俗》云：「案：賈誼《新書》：『衛侯朝于周。周行人問其名，曰：辟彊。周行人曰：啟彊、辟彊，天子之號也。諸侯弗得用。』如賈生此說，辟，當音『開闢』之闢；彊，當音『疆埸』之疆。楚有蒍啟彊，即其例也。」今案：賈說本於《韓非子》，見《外儲說》。然則，彊為「疆」之借字。而「強」，本蟲名，《說文·蟲部》：「強，蚚也。」段借為「彊弱」之「彊」，非疆，故當作「疆（彊）」。」本書任彥昇《上蕭太傅固辭奪禮啟》注引作「彊」。江文通《雜體詩·劉太尉琨》「伊余荷寵靈」、任彥昇《為齊明帝讓宣城郡公第一表》「悼心失圖」注引並作「彊」。即其證。毛本當誤從尤本等，陳校從《左傳》、本書內證、贛本等正之。

清談同日夕，情眄敘憂勤　注：《毛詩》曰：朝夕思念，至於憂勤也。

【陳校】

　　注「《毛詩》曰」。「詩」下，脫「序」字。

【集說】

　　徐氏《糾何》曰：案：二句乃《詩·卷耳》小序。

【疏證】

　　奎本以下諸六臣合注本、尤本悉同。謹案：語見《毛詩注疏·周南·卷耳》序。毛本當誤從尤本等，陳校蓋從《毛詩》序正之。

（秋日）壯士遠出征　注：壯士，謂五官也。《漢書》高祖曰：壯士行何畏？出征，謂在孟津也。《魏志》曰：建安十六年，文帝立為五官中郎將。《典略》曰：建安二十二年，魏郡大疫，徐幹、劉楨等俱逝。然其間惟有鎮孟津及黎陽，而無所征伐，故疑出征謂在孟津也。以在鄴，故曰出征。以有兵衛，故曰戎事也。

【陳校】

　　按此詩當與王仲宣征吳《從軍詩》同時作，建安二十一年也。以「秋日」

發端，與仲宣詩首句言「秋節」正合。「壯士所歡」，謂一時從軍之士如仲宣輩耳。又仲宣他詩有「探懷授所歡」之句，亦指儔侶言之。可參證也。若二十年，魏公西征，世子留駐孟津，乃居守之事，豈可附會為出軍乎？況以下章「軍侯」、「小臣」之語例之，則「壯士」之稱，非致敬尊者之詞，尤易明矣。

【集說】

　　許氏《筆記》曰：注末「以在鄴，故曰出征」十六字，五臣注誤入。削。

【疏證】

　　奎本以下諸六臣本、尤本悉同。此亦陳氏正善注之失。許氏《筆記》削注末「以在鄴」以下十六字，亦非。

贈從弟三首　　劉公幹

（汎汎）華紛何擾弱

【陳校】

　　「弱」，一作「溺」。於韻為叶，宜從之。

【集說】

　　余氏《音義》曰：「華紛何擾弱。」六臣作「華葉紛擾溺。」

　　孫氏《考異》曰：當依五臣作「華葉紛擾溺。」

　　梁氏《旁證》曰：五臣作「華葉紛擾溺」，向注可證。

　　許氏《筆記》曰：六臣本作「華葉紛擾溺」。《說文》：「溺水，自張掖刪丹西至酒泉，合黎餘波入于流沙。從水，弱聲。桑欽所說。而灼切。」弱，橈也。上象撓曲，彡象毛氂橈弱也。弱物並，故從二弓。而勺切。《書》：「導弱水」釋文云：「本或作溺。」嘉德案：「溺」，本水名。今人用為「休沒」字，而「溺水」之「溺」皆作「弱」字。然「柔弱」字並不作「溺」。茶陵本向注作「溺」，非。

【疏證】

　　尤本同。五臣正德本及陳本、奎本以下諸六臣合注本並作「華葉紛擾溺」。奎本等有校云：善本作：「華紛何擾弱。」謹案：「弱」與「溺」古本一字。清‧許槤《讀說文記》：「蓋弱、溺古本一字。故《易‧大過》王弼注：『拯

弱興衰救其弱。」釋文:『弱,本作溺。《春秋・昭八年》:陳侯溺,《漢書古今人表》作弱,是其證也。』」《墨子・大取》:「雖其一人之盜,苟不智其所在,盡惡其弱也。」譚戒甫《墨辯發微》:「弱,溺之省文。《說文》:『溺,沒也。』蓋沒入於水為溺,隱匿似之。」皆其證。然五臣作「溺」,向注可證;又奎本等校有明文,善作「弱」,故不當改毛本。陳校以五臣亂善,非。《易・大過》王注,見「剛過而中」下。《旁證》則誤從孫氏耳。

(亭亭)豈不羅凝寒

【陳校】

「羅」,「罹」誤。

【集說】

孫氏《考異》曰:何云:「羅」,疑作「罹」。

胡氏《考異》曰:何曰云云。陳同。案:各本皆作「羅」,蓋傳寫譌。

梁氏《旁證》曰:何曰云云。陳同,是也。作「羅」,但傳寫誤。

姚氏《筆記》曰:何曰云云。

許氏《筆記》曰:何曰云云。案:《說文》:「羅,以絲罟鳥也。《新附》:「罹,心憂也,古多通用。」《離詩》「雉離于羅」,又云「逢此百罹」,《釋文》云:「罹,本又作離,力知反。憂也。」《方言》「罹,謂之羅;羅,謂之罹。」《漢書・于定國傳》「羅文法者」注:「羅,罹也。」當以《毛詩》及《說文》為正,羅為罟罔,罹為心憂。《方言》及《漢書注》則以音同相通也。此詩合作「羅」。嘉德案:「羅」與「罹」,古字既通,則不必改「羅」為「罹」。段曰:「羅,或作罹。俗異用。」

黃氏《平點》曰:「豈不羅凝寒」句。「羅」即「罹」古字。

【疏證】

諸《文選》本悉同。謹案:《記纂淵海》卷十八引作「羅」。《文章正宗》卷二十二上引作「罹」。羅、罹,歌部疊韻,來母雙聲。《說文新附・网部》:「罹,心憂也。从网未詳。古多通用離。」徐灝注箋:「罹,即羅之別體,古通作離。」商承祚《殷墟文字類編》:「古羅與離為一字。」《廣雅・釋獸》「不羅罘罔」王氏《疏證》曰:「不羅罘罔。《初學記》作:『不罹罘罔。』案:罹與羅古字通。」故許、黃兩家說,並得。毛本當從尤本等,不誤,陳、何並失矣。

文選卷二十四

〔卷二十四目〕：贈侍御史正元瑰

【陳校】

　　「正」，當作「王」。

【疏證】

　　奎本、明州本、尤本卷前目並作「王」。贛本、建本無卷前目。謹案：潘氏詩載在本書，上諸本作詩題「王」並不誤。此毛本獨傳寫譌，陳校當據本書內證、尤本等正之。本條周鈔誤植上「卷二十三目（嵇康）」後，今移正。

贈徐幹一首　曹子建

圓景光未滿　注：《論衡》曰：日月之體，伏如正圓。

【陳校】

　　注「伏如正圓。」「伏」，「狀」誤。

【疏證】

　　《集注》本、奎本以下諸六臣合注本、尤本悉作「狀」。謹案：語見《論衡・說日篇》，字正作「狀」。此毛本獨因形近而譌，陳校當從《論衡》、尤本等正之。

志士營世業　注：《論語》子曰：志士仁人，無求生以害人。

【陳校】

　　注「（言）[害] 人」。「人」，「仁」誤。

【疏證】

　　《集注》本、奎本以下諸六臣合注本、尤本悉作「仁」。謹案：語見《論語注疏·衛靈公》，字正作「仁」。本書傅休奕《雜詩》「志士惜日短」注、沈休文《奏彈王源》「志士聞而傷心」注、干令升《晉紀總論》「而不求生以害義」注、范蔚宗《逸民傳論》「志士懷仁」注、東方曼倩《非有先生論》「即志士仁人不忍為也」注引《論語》並作「仁」。然《太平御覽》卷四百一十九引《論語》：「志士仁人，無求生以害人，有殺身以成仁。」正作「人」，且「人」與下句「仁」對舉，足證仁、人音同，義近，二字得通。然則，毛本固有所自，陳校從《論語》、本書內證、尤本等可，然改毛本亦大可不必焉。周鈔「害人」，譌作「言人」，已正之。

文昌鬱雲興　注：劉淵林《魏都賦》注曰：文昌，王殿名也。

【陳校】

　　注「王殿」。「王」，「正」誤。

【疏證】

　　《集注》本、奎本以下諸六臣合注本、尤本悉作「正」。謹案：《魏都賦》劉注，見本書「造文昌之廣殿」句下，正作「正」。此毛本獨形近而譌。陳校蓋從《魏都賦》劉注、尤本等正之。

典文自成篇　注：鄭玄《考工記注》曰：興，發也。

【陳校】

　　「典」，「興」誤。

【疏證】

　　《集注》本、諸《文選》本悉作「興」。謹案：鄭注，見《周禮注疏·弓人》，正作：「興，猶動也，發也」。但據注即可證文當作「興」。此毛本獨因「興」、「典」形近而譌，陳校當據注文、《考工記》、尤本等正之。

知己誰不然　注：言……知己誰不同於棄實，而能相萬乎？

【陳校】

注「而能相萬乎。」「萬」，「薦」誤。

【集說】

胡氏《考異》曰：注「而能相萬乎。」何校「萬」改「薦」。陳同。各本皆誤。

梁氏《旁證》同胡氏《考異》。

【疏證】

明州本、尤本、建本誤同，《集注》本、奎本作「薦」，是。贛本作「屬」。謹案：此「萬」、「薦」形近而誤。贛本作「屬」，亦非。贛本編者覺明州本非，而正之不能得，見其當時未能見奎本。毛本誤從尤本等，陳、何校得之。

贈丁義一首　曹子建

題：贈丁義　注：《集》云：與都亭侯丁翼。今云儀，誤也。《魏略》曰：丁儀，字正禮。太祖辟儀為掾。

【陳校】

題「丁義」。「義」，「儀」誤。

【集說】

余氏《音義》曰：六臣「義」作「儀」。向曰：「《魏志》云：『儀有文才。』」《魏略》曰：「丁義，沛郡人，與臨淄侯親善。」《魏志》：「文帝即王位，誅丁儀、丁翼。」

孫氏《考異》曰：《贈丁儀一首》。「儀」，誤「義」。

張氏《膠言》曰：「丁廙」。《文選》作「丁儀」，《魏志》作「廙」。

許氏《筆記》曰：「丁翼」，「翼」，《魏志》作「廙」。嘉德案：翼，字敬禮，當以「翼」為是。廙，行屋也，音同借用耳。見曹子建《贈丁翼》「丁翼」條。

王煦《拾遺》曰：善注上篇以「儀」為「正禮」，下篇以「儀」為「敬禮」。廙，或作「翼」。音義同。《拾遺·贈丁儀丁廙》篇。

【疏證】

《集注》本、諸《文選》本並作「儀」。謹案：二許作「《贈丁翼》」，最是。蓋子建本詩及下《又贈丁儀王粲》詩所贈丁氏，並為丁翼，而非其兄儀也。此說，一，已有二處善注為證，一，可由接連三詩詩題推得。所謂接連三詩，包括本詩及《又贈丁儀王粲》詩之間之《贈王粲》一首。先看善注。本條善所見本作「儀」，善以「儀」為誤，因「《集》云：與都亭侯丁翼」。「與」，即致也。《又贈》詩善注所言是同一句話：「今云儀，誤也」，「《集》云：答丁敬禮、王仲宣」，根據還在於曹《集》。二處並指作「儀」為譌，意思再明白不過。此係善據《集》以正蕭《選》題之誤者。複檢接連三詩詩題，次序排列緊密、先後有序外，值得關注者還有第三首「又贈」二字，此二字乃總攝三首，必先分別有致粲、致翼，方切「又贈」二人之題。若然「翼」換作「儀」，便文不對題，上下失應矣。然則，毛本作「義」、諸《文選》本及陳與諸家校作「儀」者，並非也。尋繹致誤之由，或在諸家誤會善引《魏略》言儀「字正禮」及其有關履歷之用意，不知本條善惟在提醒讀者分辨儀、翼昆仲之異；至《又贈》首，方是補敘被贈者之字，其履歷則承上省矣。次述與本議題有關之「義」與「儀」、「翼」與「廙」之關係。「義」與「儀」實同。《說文·我部》：「義，己之威儀也。」桂馥《說文解字義證》：「己之威儀也者，儀當為義，通用儀字。」《說文通訓定聲·隨部》：「義，經傳多以儀為之。」朱、桂說並是。故毛本作「義」者，蓋「儀」之省耳，其誤不在改「儀」為「義」，如孫氏等言也。敬禮大名，為「翼」抑為「廙」，不僅許氏祖孫主有異同，即所引《魏志》一書亦有版本之歧出。嘉德以「廙為行屋」，係翼「音同之借」，故力主「翼為正」。今檢《玉篇·廣部》：「廙，謹敬也。亦作翼。」《說文·广部》：「廙，行屋也。从广，異聲。」段注云：「廙，魏晉後用為翼字。如魏丁廙字敬禮。是用為小心翼翼字也。」是廙與翼，猶義之與儀也。嘉德豈未讀《玉篇》、《說文》段注歟？

農夫安所獲

【陳校】

「獲」，「穫」誤。

【疏證】

《集注》本、嘉定本《曹子建集》、諸《文選》本悉同。謹案：《說文通訓

定聲·豫部》：「穫，叚借為穧。」《荀子·富國》：「人善治之，則畝數盆，一歲而再穫之」楊倞注：「穫，讀為穧。」《鹽鐵論·本議》：「農人納其穫，女工效其功。」皆其證。毛本當從尤本等，陳校拘泥，非。

寶劍非所惜　注：《廣雅》曰：借，愛也。

【陳校】

　　注「借，愛也。」「借」，「惜」誤。

【疏證】

　　奎本以下諸六臣合注本、尤本悉作「惜」。謹案：本書韋弘嗣《博弈論》「愛功惜力」注引《廣雅》正作「惜」。毛本從尤本，復因形近而誤，陳校當從正文、本書內證、尤本等正之。

又贈丁儀王粲一首　曹子建

題注：《集》云：答下敬禮、王仲宣。翼，字敬禮。今云儀，誤也。

【陳校】

　　題注「答下敬禮」。「下」，「丁」誤。

【疏證】

　　奎本以下諸六臣合注本、尤本悉作「丁」。謹案：此毛本傳寫獨誤，陳校當從尤本等正之。參上「贈丁義」條。

承露槩泰清　注：《西都賦》曰：抾仙掌與承露。《廣雅》曰：抾，摩也。槩與抾同，古字通。

【陳校】

　　注「槩與抾同。」「槩」，似當作「摡」。《廣韻》「摡」、「抾」同音，故李注云爾。

【集說】

　　孫氏《考異》引本條自「承露槩泰清」注引「《西都賦》曰」至「槩與抾同，古字通」後，云：「則當作『抾』字也。」見《西都賦》「抗仙掌以承露」條。
　　顧按：「概」字不誤。

　　梁氏《旁證》曰：注「檕，與扢同，古字通。」姜氏皋曰：「《一切經音義》十二云：『古文扢、槩二形，今作檕，同。』《說文》：『檕，枅斗斛。從木、既聲』；『枅，平也。從木、气聲。』《玉篇》以為枅即檕。當是檕之重文。《月令》：『正權檕』，鄭、高皆云：『檕本器名。用之平斗斛，亦曰檕。凡平物曰枅。所以枅斗斛曰檕也。』然則，此注之扢，亦當作枅矣。」

【疏證】

　　諸《文選》本咸作「檕」，奎本以下諸六臣合注本、尤本注並同。謹案：五臣作「檕」，濟注可證。陳校疑所見文及注「檕」為「暨」字漫漶，今據善注並引《廣雅》，字當同「扢」，義為「摩」，合上諸本皆作「檕」之事實，陳疑之非，顯然易見。與「檕」關涉之「扢」，亦《文選》校勘家所關注者。上《旁證》引姜皋據《一切經音義》、《說文》等，即以「扢」是「枅」誤。余所見今本《一切經音義》作「扢」，云：「古文扢、槩二形，今作檕，同。公礙反。量也。《廣雅》：『扢，摩也。』」今本《廣雅·釋詁》同，云：「扢，古（擬）〔礙〕、古對〔切〕。磨也。」《音義》、《廣雅》（包括釋玄應所見本）兩家皆從「手」。按《古今韻會舉要》卷七：「磨，通作摩。」《論衡·自紀》「帝都穀多，王市肩磨」及上文並「磨」與「摩」通之證。然則，作「扢」者並義亦合善注。況且，其字從「手」，與所謂誤字「扢」，論形亦較從「木」愈似。益可信其為實矣。然言雖如此，作「枅」，並不為過，即作「扢」，亦不誤。《玉篇·手部》：「扢，摩也。」又：「扢，取也。」《集韻·月韻》：「扢，擊也。」同書《迄韻》：「扢，居乙切，擊也。」又《沒韻》：「扢，摩也」、「扢，古紇切。摩也。」《龍龕手鑑·手部》：「扢，居乙、古忽、戶骨、古代四反，皆摩也。」皆是其證。《正字通·木部》：「枅，枑本字。」因疑「扢」、「枅」、「枑」，皆係「扢」之借字耳。此外，由「扢」連類而及，本條善引《西都賦》：「抗仙掌以承露」之「抗」，毛本作「扢」，亦有可議。孫志祖《考異》校《西都賦》引本條文及善注後，結論為「則當作『扢』字矣。」觀此是孫不但以作「扢」為是，乃欲以改《西都賦》正文「抗」為「扢」矣。故梁氏《旁證》有「按曰：惟毛本作扢。實即抗字之誤。蓋上引《西都賦》止注『承露』也。下引《廣雅》始以『扢』注『槩』也。毛本誤相涉耳。觀此賦注絕不及扢，可見各本皆作抗。無誤也。」高氏《義疏》兼采孫、梁，未置評議。今按《旁證》實宗前胡《考異》，彼校本條曰：「注『抗仙掌以承露』，茶陵本抗作扢。案：涉下而誤也。袁本作抗與此同，不誤。引之但注『承露』，其以下方注『檕』字。或因據此誤字，反欲

改《西都賦》則謬矣。」復考《後漢書・班固傳》、《藝文類聚》卷六十一引《西都賦》並作「抗」。合證胡、梁二家說的是。是孫氏誤讀善注也。然前胡所見本有限，不知涉下誤「抗」作「扢」者，非自茶陵本始焉。今按本篇善引，奎本尚作「抗」不誤，而明州本、贛、建三本並譌「扢」。是始作俑者，蓋明州本耳。

中和誠可經　注：言歡怨雖殊，俱非忠貞之則，惟有忠和樂職，誠可謂經也。

【陳校】

注「惟有忠和樂職」。「忠」，「中」誤。

【疏證】

奎本同。明州本、贛本、尤本、建本作「中」。謹案：《漢書・王襃傳》：「益州刺史王襄欲宣風化於眾庶，聞王襃有俊材，請與相見。使襃作《中和樂職宣布詩》」師古注：「中和者，言政治和平也。樂職者，言百官各得其職也。」本書王子淵《聖主得賢臣頌》題下注、《四子講德論》「襃既為益州刺史王襄，作中和樂職宣布之詩並序」注引並同。然「忠」從「中」得聲，二字或可通，故毛本作「忠」，當有所本，奎本即其證也。陳校當據《漢書》、本書內證、尤本等正之。

贈白馬王彪一首　　曹子建

怨彼東路長

【陳校】

「東」，「道」誤。

【集說】

余氏《音義》曰：何曰：「東路」。「東」，一作「道」。

【疏證】

諸《文選》本悉同。謹案：《藝文類聚》卷二十一、《記纂淵海》卷十九、《文章正宗》卷二十二上、嘉定本《曹子建集》、《魏志》本傳裴注並作「東」，本書陸士衡《贈弟士龍》「行矣怨路長」注、棗道彥《雜詩》「怨彼南路長」注

引並同。毛本當從尤本等，何校云「一作道」，未知為何本，陳校恐亦非。

鴟梟鳴衡扼

【陳校】

「扼」，「柅」誤。

【集說】

胡氏《箋證》曰：「鴟梟鳴衡柅」。按：「柅」，當作「扼」，「軛」之通用字，亦作「搤」。《莊子‧馬蹄》「夫加之以衡搤」釋文「搤，叉馬頸者也」。「搤」，即今「扼」字，《說文》「軛，轅前也」。正字作「軛」。

許氏《筆記》曰：「柅」，當作「軛」。《說文》：「（衡）［轅］前也。从車戹聲」。

【疏證】

贛本、尤本同。奎本、明州本、建本作「柅」。謹案：後胡說是，《洪武正韻‧陌韻》「扼」與「軛」通。《莊子‧馬蹄》：「夫加之以衡扼」成玄英疏：「扼，叉馬頸木也。」可為其證；然《集韻‧麥韻》云：「軛，或作柅」，引上《莊子‧馬蹄篇》，則作「衡柅」。然則，「柅」與「扼」同。毛本當從尤本等，陳校正不必改也。

翩翩厲羽翼　　注：《毛詩》曰：翩翩者歸。

【陳校】

注「翩翩者歸。」「歸」，「雕」誤。

【疏證】

奎本以下諸六臣合注本、尤本悉作「雕」。謹案：語見《毛詩注疏‧小雅‧四牡》，字正作「雕」。本書張茂先《鷦鷯賦》「翩翩然有以自樂也」注、王仲宣《贈文叔良》「翩翩者鴻」注引《毛詩》皆作「雕」。此毛本獨涉上正文「歸鳥赴喬林」而譌耳，陳校當據《毛詩》、本書內證、尤本等正之。

撫心長太息　　注：《楚詩》曰：長太息以掩涕。

【陳校】

注「《楚詩》」。「詩」，「詞」誤。

【疏證】

奎本以下諸六臣合注本、尤本悉作「辭」。謹案：語見《楚辭·離騷經》，載在本書。本書潘安仁《西征賦》「眷鞏洛而掩涕」注、陸士衡《門有車馬客行》「掩淚敘溫涼」注、陸士衡《弔魏武帝文》「掩零淚而薦觴」注引並作「《楚辭》」。毛本作「詩」，當偶疏，陳校正之亦是。「《楚詞》」與「《楚辭》」同。

孤魂翔故城　注：《魏志》城，作域。

【陳校】

「孤魂翔故城。」「城」，「域」誤。

【集說】

顧按：此見注。

胡氏《考異》曰：注「《魏志》城作域。」袁本、茶陵本無注「《魏志》城，作域」五字。正文皆作「域」。茶陵本有校語云：善作「城」。袁本無。案：「《魏志》城，作域」五字，當是或記於旁，尤氏誤取添入注，故此處修改之迹尚存也。善作「城」，無明文，恐尤及茶陵所見傳寫有誤，而袁所見為未誤也。

梁氏《旁證》曰：「《魏志》城，作域」。五臣亦作「域」，翰注可證。

【疏證】

尤本同。五臣正德本及陳本作「域」。奎本、明州本同，無校語，無注「《魏志》城，作域」五字。贛本、建本作「域」校云：善作「城」。注亦無此五字。謹案：《文章正宗》卷二十二上，亦作「城」。尤本作「城」，當從贛本校語。贛本或有所據，未必如前胡所說「傳寫有誤」。五臣作「域」，翰注可證，蓋從《魏志》耳。嘉定本《曹子建集》作「域」，有注云「一作城」，其注似出六臣合注贛本系統或尤本。毛本當從尤本，陳似不必改焉。

我遠分日親

【陳校】

「我」，「在」誤。

【疏證】

諸《文選》本咸作「在」。謹案：《魏志》本傳裴注、嘉定本《曹子建集》、

《文章正宗》卷二十二上、《古今事文類聚》後集卷八並作「在」。此毛本獨因「在」、「我」形近而譌耳，陳校當據《魏志》、尤本等正之。

憂思成疾疹，無乃兒女仁 注：《史記》曰：呂公謂呂媼曰：非兒之所知。

【陳校】

注「非兒之所知」。「兒」下脫「女」字。

【集說】

梁氏《旁證》曰：《魏志》注無此二句。

姚氏《筆記》曰：今本《魏志》無此二句。樹按：何云：「此恐彪〔復以不得同宿止故〕憂傷成疾，故復為此語以寬之。」余謂非也。此仍自解，故復有倉卒之語；又言終不能自解收合歸宿，所以作詩敘哀之故。正見筆力搏挽，變化轉換不測。若作慰彪「倉卒之語」，為否隔文氣不順矣。

【疏證】

奎本以下諸六臣合注本、尤本悉有「女」字。謹案：語見《史記·高祖本紀》，作「（此）非兒女子所知也」《史記集解》同。是毛本「兒」下脫「女」字，奎本至尤本「子」作「之」，蓋善見《史記》與今本不同。兒女，謂女子也。《三國志·魏志·賈詡傳》：「漢陽閻忠異之」裴注引《九州春秋》：「〔韓信〕拒蒯通之忠，忽鼎跱之勢，利劍已揣其喉，乃歎息而悔，所以見烹於兒女也。」是其證。毛本傳寫偶脫，陳當據正文、《史記》補正。方東樹同陳、何校，亦主當有此二句，似是。然其駁何校，乃以文氣論文意，蓋入劉、姚義理、考據、文章窠臼，以正所謂何校紙尾之氣，亦不啻五十笑百步而已。方引何校「彪」下脫「復以不得同宿止故」八字，影響文意理解，今據《義門讀書記》補之。

援筆從此辭 注：《韓詩外傳》曰：……楚使援筆而書於策。

【陳校】

注「楚使援筆」。「使」，「史」誤。

【疏證】

奎本以下諸六臣合注本、尤本悉作「史」。謹案：語見《韓詩外傳》卷二，

字正作「史」。本書陸士衡《文賦》「慨投篇而援筆」注引亦作「史」。陳校當從贛、尤二本及本書《文賦》注等校。然甲骨文使、事、吏為一字，後分化。《說文·史部》：「史，記事者也。」《一部》：「吏，治人者也。从一、从史。」《人部》：「使，令也。从人、吏聲。」故古代事、使、史、吏四字，實為一字。毛本好古其作「使」者，未必無來歷，還以不改為宜。

贈丁翼一首　曹子建

小人德無儲　注：儲，謂菑積之以待無也。

【陳校】

注「謂菑積之」。「菑」，「蓄」誤。

【疏證】

奎本以下諸六臣合注本、尤本悉作「蓄」。謹案：《集韻·之韻》：「耒甾，或作載，通作菑。」按：《字彙·艸部》：「菑，葘本字。」菑、載，同在《之部》，莊、精準雙聲，故《集韻》是「菑」與「載」通之佐證。《毛詩注疏·小雅·彤弓》「彤弓弨兮，受言載之」，馬瑞辰《通釋》：「載，亦藏也。《廣雅》：『載，弢也。』弢，讀如弢藏之弢。」王念孫《疏證》亦曰：「弢，弢閣也。」故「菑積」，猶「載積」，與「蓄積」義同。毛本好古必有所受，不必改也。

贈秀才入軍五首　嵇叔夜

（浩浩）**奮榮揚揮**

【陳校】

「揮」，「暉」誤。

【集說】

薛氏《疏證》曰：王仲宣《從軍詩》「良苗實已揮」注：「揮，當為輝」。案：《周易》「六爻發揮」釋文：「揮，音輝。本亦作輝。」是「揮」、「輝」可通，蓋「揮」、「輝」皆「軍」聲也。潘安仁《西征賦》「終奮翼而高揮」注：

「《西京賦》曰：『遊鷮高翬。』翬與翬，古字通。」見薛書「王仲宣《從軍詩》良苗實已翬」條。

許氏《筆記》曰：「翬」，何改「暉」。案：王仲宣《從軍詩》「良苗實已翬」注云：「翬，當為輝。」《說文》：「暉，光也，從日軍聲，許歸切」；「煇，光也，從火軍聲，況韋切。」《復古編》云：「別作輝，非。翬，奮也，從手軍聲，許歸切。」嘉德案：《日部》曰：「暉，光也」；《火部》曰：「煇」，光也。」二字音義俱同。暉者，日之光；煇者，火之光。古無從光之「輝」，今則相承通用為「輝」矣。蓋本《廣韻》「輝同煇，亦同暉」、《集韻》「煇，或作輝」，故「光輝」字皆作「輝」。又《說文》：「燿，照也。」今「光燿」字皆作「耀」也。此「翬」，從何校作「暉」。

【疏證】

諸《文選》本悉作「暉」。謹案：今檢《廣韻‧微韻》：「暉，同輝」。翬」與「暉」可通。薛氏引《周易》「六爻發揮」釋文，言之甚明。然則，毛本作「翬」當亦有所受，陳、何不改亦得。

如渴如饑　注：曹植《責躬詩》曰：遲牽聖顏，如渴如饑。

【陳校】

注「遲牽聖顏。」「牽」，「奉」誤。

【疏證】

奎本以下諸六臣合注本同。尤本作「奉」。謹案：《魏志‧曹植傳》、嘉定本《曹子建集》同尤本。《責躬詩》載在本書，作「奉」。毛本當誤從建本等，陳校當從《魏志》、本書內證、尤本等正之。

愴矣其悲　注：曹值《責躬詩》曰：心之云慕，愴矣其悲。

【陳校】

注「曹值」。「值」，「植」誤。

【疏證】

奎本以下諸六臣合注本、尤本悉作「植」。謹案：此毛本刻工偶誤。陳氏但據注文，信手可正耳。

（息徒）流磻平皐　注：《說文》曰：磻，以石著繳也。

【陳校】

注「以石著繳」。「繳」上脫「弋」字。

【集說】

梁氏《旁證》曰：尤本「繳」上有「弋」字。今《說文》：「磻，以石著隹繳也」。《玉篇》：「磻，以石維繳也」。

【疏證】

奎本以下諸六臣合注本同。尤本有「弋」字。謹案：「磻」，今本《說文·石部》，「繳」上有「隹」字。李善所見本《說文》或無「弋」字。《戰國策·楚策四》：「（黃鵠）不知夫射者，方將脩其碆盧，治其矰繳，將加已乎百仞之上。被礛磻，引微繳，折清風而抎矣」高誘注：「磻，以石維繳也。」「繳」上亦無「隹」、「弋」字，可為六臣合注本佐證。陳校蓋從尤本，毛本蓋從建本等，未必脫也。

俯仰自得，游心泰玄　注：《楚詞》曰：漢虛靜以恬輸兮。

【陳校】

注「漢虛靜以恬輸」。「漢」，「漠」誤、「輸」，「愉」誤。

【疏證】

奎本以下諸六臣合注本、尤本悉作「漠」、「愉」。謹案：語見《楚辭章句·遠遊》，字正作「漠」、「愉」，本書張茂先《答何邵》「虛恬竊所好」注同。毛本蓋皆形近而譌耳，陳校當從《楚辭》、本書內證、尤本等正之。

得魚忘筌　注：《莊子》曰：筌者所以得魚也，得魚而忘筌；蹄者所以得兔也，得兔而忘蹄。

【陳校】

注「得魚」、「得兔」，二「得」字，俱當作「在」。

【集說】

余氏《音義》曰：「得魚也」、「得兔也」，二「得」字，何改「在」。

胡氏《考異》曰：注「所以得魚也。」何校「得」改「在」。陳同。各本

皆譌。

　　梁氏《旁證》同胡氏《考異》。

【疏證】

　　奎本、贛本、建本全同。明州本、尤本「得魚也」誤同，下文作「所以在兔也」，用「在」字，不誤。謹案：語見《莊子注・外物》，二字皆作「在」，本書盧子諒《贈劉琨》「不見得魚」注、《文章正宗》卷二十二上注誤並同明、尤二本。僅據明州本、尤本下「在」字不誤，即可證陳、何校之為宜也。毛本當誤從建本等，陳、何校當依《莊子》正之。

郢人逝矣，誰與盡言　注：《莊子》曰：匠石運斤成風，聲而斲之，盡堊而鼻不傷……匠石曰：臣則當能斲之。雖然，臣質死久矣……吾無與言也。

【陳校】

　　注「聲而斲之。」「聲」，「聽」誤。「當能斫之」。「當」，「嘗」誤。「吾無與言也。」「也」，當作「之矣」。

【集說】

　　胡氏《考異》曰：注「聲而斲之。」何校「聲」改「聽」。陳同，各本皆譌。又曰：注「臣則當能斲之。」袁本「當」作「嘗」，是也。茶陵本亦誤「當」。

　　梁氏《旁證》曰：何校「聲」改「聽」。陳同，各本皆譌。六臣本「當」作「嘗」，是也。

【疏證】

　　奎本、建本同。明州本作「善同向注」，不及「聲」、「當」、「也」三字。贛本作「聽」、「嘗」、誤「也」。尤本作「聽」、「嘗」、作「之矣」。《文章正宗》卷二十二上引作「聽」、「嘗」、誤「也」。謹案：語見《莊子・徐無鬼》篇。字正作「聽」、「嘗」、「之矣」。本書江文通《雜體詩・許徵君詢》「至哉操斤客」注引亦作「聽」、「嘗」，誤「也」。陳校蓋據《莊子》正之，或亦兼參本書內證、贛、尤二本等。毛本之誤悉同建本，再證毛與建本之關係特殊，遠祖尤本外，近宗，建本是其一矣。此一點，在《文選》版刻史上應具一定之價值。本條亦可為《文章正宗》所取《選》文，當為贛本之佐證。前胡《考異》所校二條亦皆就誤本（胡本）立說耳。

贈山濤一首　司馬紹統

班匠不我顧　注：《莊子》曰：匠石之齊，見櫟杜樹，匠伯不顧。

【陳校】

注「見櫟杜樹」。「杜」，「社」誤。

【疏證】

奎本以下諸六臣合注本、尤本悉同。謹案：語見《莊子・人間世》，正作「社」字，《藝文類聚》卷三十九、《太平御覽》卷三百九十九、卷五百三十二引同。本書何平叔《景福殿賦》「匠石不知其所斲」注、王子淵《洞簫賦》「於是般匠施巧」注、張景陽《七命》「營匠斲其樸」注引悉作「社」；嵇叔夜《琴賦》「匠石奮斤」注引亦誤「杜」。此奎、尤諸本因形近致譌，毛本當誤從尤本等，陳校當據《莊子》、本書內證等正之。

撫劍起躑躅　注：《說文》曰：躑躅，在足也。

【陳校】

注「在足也」。「在」，「任」誤。

【疏證】

贛本作「任」。奎本、明州本、尤本、建本作「住」。謹案：語見《說文・足部》「躑」下，正作「住」，本書陸士衡《招隱詩》「振衣聊躑躅」注引同。又，《古詩十九首（東城）》「沈吟聊躑躅」注作「《說文》曰：『躑躅，住足也。』躑躅，與躑躅同。」亦作「住」，不誤。毛本獨誤「在」，陳校誤從贛本耳。作「在」、「任」，皆因與「住」字形近而譌。

感悲孔聖歎，哀此年命促　注：《論語》子曰：子在川上曰：逝者如斯。

【陳校】

注「《論語》子曰」。「子曰」二字，衍。

【疏證】

明州本、贛本、建本無「《論語》」以下十二字。奎本、尤本無「子曰」二字。謹案：本書郭景純《遊仙詩（六龍）》「臨川哀年邁」注、張景陽《雜詩（大火）》「川上之歎逝」注、潘安仁《夏侯常侍誄》「逝者不追」注、王仲寶

《褚淵碑文》「故吏某甲等感逝川之無捨」注引並無「子曰」字。本書又有「《論語》」書名下衍一「曰」字者，亦非，蓋不合善注體例爾。不贅引。陳校當從本書內證、尤本等正之。明州本首刪此十二字，益非，贛、建二本不能察其失耳。

答何劭二首　張茂先

良朋貽新詩，示我以游娛　注：徐幹《贈五官中郎將詩》曰：貽爾新詩又。《思玄賦》曰：雖遊娛以媮樂。

【陳校】

　　注「貽爾新詩又。」「又」，「文」誤。

【集說】

　　胡氏《考異》曰：注「貽爾新詩又。」陳曰云云。是也，各本皆譌。

　　梁氏《旁證》曰：陳校「又，改文。」是也。

【疏證】

　　奎本以下諸六臣合注本、尤本悉誤。謹案：《贈五官中郎將（余嬰）》詩載在本書。字正作「文」，而乃劉公幹作。諸本之誤，不祇在一「文」字也。今坊本「詩」下斷句，以「又」屬下句，其不知此詩為五言歟？且「《思玄賦》」以下，本釋下句「示我以游娛」之「游娛」字，與上句並無關涉，何得擅加「又」字？凡此，並皆不檢本書劉詩之過也。毛本當誤從尤本等，陳校當據本書內證、上下文等正之，然亦漏校「徐」字。

流目覼鯈魚　注：《莊子》曰：鯈魚出遊從容。

【陳校】

　　注「鯈魚」。「鯈」，「鰷」誤。

【集說】

　　余氏《音義》曰：「鯈魚」。「鯈」，何改「鰷」。

　　胡氏《考異》曰：「流目覼鰷魚」。茶陵本「鰷」作「鯈」，注同。案：「鯈」字是也。考《莊子》釋文作「鰷」，《爾雅》釋文作「鯈」，陸於《秋水篇》引《說文》「直留反」，謂《魚部》「鯈」字音。然則，「鯈」是、「鰷」非也。袁

本亦誤「鯈」，其注作「鰷」，仍不誤。

【疏證】

奎本、明州本、建本正文並注作「鰷」。贛本正文「鯈」，注作「鰷」。尤本作「鯈」，注同。謹案：《考異》辨鰷、鯈甚力。然兩字實通。《山海經·北山經》：「（彭水）其中多鯈魚。」郝懿行箋疏：「鯈，與鰷同。」注語本見《莊子·秋水篇》，亦「鰷」、「鯈」互見。本書潘安仁《秋興賦》「玩游鯈之潎潎」注引《莊子》亦作「鯈」。既非五臣與善之別，則《文選》諸本正文與注互見，不必改。毛本文不誤，注作「鯦」，蓋「鰷」之俗字。陳校正之，是；然不必定依尤本「鯈」，作「鰷」亦得也。參拙著《何校集證》。

靜躁亦殊形　注：《老子》曰：……王弼曰：凡二輕不能重載。

【陳校】

注「凡二輕」。「二」，「物」誤。

【疏證】

奎本以下諸六臣合注本、尤本悉作「物」。謹案：語見《老子道德經》二十六章，正作「物」。毛本獨傳寫誤，陳校當從《老子》、尤本等正之。

道長苦志短　注：《論語》：曾子曰：士不可以弘毅。任重而道遠。

【陳校】

「志」，「智」誤。又注「弘毅」上，脫「不」字。

【集說】

許氏《筆記》曰：「志短」。依注作「智短」。

【疏證】

諸《文選》本悉作「智」。奎本以下諸六臣合注本、尤本悉有「不」字。謹案：五臣作「智」，向注可證。曾子語見《論語·泰伯》篇，正有「不」字。毛本獨譌：一因音近，一則偶疏耳。陳校當據尤本等正毛本誤「志」；據《論語》、尤本等補毛本脫「不」字。

贈張華一首　　何敬祖

懸象迭卷舒　注：《淮南子》曰：陰陽嬴縮卷舒。

【陳校】

注「嬴縮」。「嬴」，「贏」誤。

【集說】

余氏《音義》曰：「嬴縮」。「嬴」，何改「贏」。

【疏證】

尤本同。奎本以下諸六臣合注本作「贏」。謹案：語見《淮南子・本經訓》。字正作「贏」，高誘注曰：「贏，長；縮，短」云。《太平御覽》卷七十七引並注作「盈」。《墨子・非儒》：「夫飢約，則不辭妄取以活身；贏飽，則偽行以自飾。」王念孫《雜志》：「贏之言盈也……贏飽即盈飽。正對上文飢約而言。」然「嬴」，「贏」二字實通。參上《子虛賦》「雙鶬下」、《幽通賦》「故遭罹而嬴縮」二條。毛本當從別本，陳、何校當從《淮南子》，然不改亦得。

和風與節俱　注：《毛詩》曰：習習谷風。毛萇詩曰：習習，和舒之貌。

【陳校】

注「毛萇詩」。「詩」，「詩傳」誤。

【疏證】

奎本、明州本、建本同。贛本作「詩傳」。尤本作「傳」。謹案：本書束廣微《補亡詩（華黍）》「輯輯和風」注、謝靈運《於南山往北山經湖中瞻眺》「天雞弄和風」注引並作「毛萇曰」。考本書《西都賦》「門闥洞開」注作：「毛萇《詩傳》曰：闥，門內也」；緊接下文「列鍾虡於中庭」注作：「《毛詩》曰：『設業設虡。』毛萇曰：『植曰虡。』與鐻古字通也。」比勘二條，可悟善引《毛詩》並《毛傳》，自有其體例：凡引毛《傳》，若上既引《毛詩》，則省作「毛萇曰」；若上未引《毛詩》，乃直接引《毛傳》，則須用全稱「毛萇《詩傳》曰」。以此檢《西都賦》下文諸例，無不一一應驗。如：「增盤崔嵬」注「毛萇《詩傳》曰：『崔，高大也』」，又「北彌明光」注「毛萇《詩傳》曰：『彌，終也』」，並為獨引毛《傳》，故用全稱。而「表以太華終南之山」注《毛詩》曰：『終南何有？有條有枚。』毛萇曰：『終南，周之名山中南也』」，又「五穀垂穎」注「《毛詩》

曰：『實穎實栗。』毛萇曰：『穎，垂穎也』」，並為兼引《毛詩》，故用省稱。足
證上說可以成立。循此而推，本條例當省作「毛萇曰」，故毛本當誤從建本等，
贛本、尤本亦誤，並陳校皆非矣。而上引束詩注、謝詩注並得，蓋皆為兼引也。

西瞻廣武廬　注：臧榮《晉書》書。

【陳校】

　　注「臧榮《晉書》書」。「榮」下脫「緒」字、下「書」字，衍。

【集說】

　　許氏《筆記》曰：「臧榮」下脫「緒」字、「書」下衍「書」字。今正。

【疏證】

　　奎本以下諸六臣合注本、尤本悉作「臧榮緒《晉書》」，下「書」字，並作
「曰」。謹案：臧書見《隋書‧經籍志二》：「《晉書》一百一十卷」注：「齊徐
州主簿臧榮緒撰」。臧《書》屢見本書援用，此毛本刻工之譌，陳校無待披《隋
書》、尤本等信手可正之也。

贈馮文（熊）〔罷〕遷斥丘令一首　　陸士衡

受命自天　注：《毛詩》曰：有命自天，生我文王。

【陳校】

　　注「生我文王。」「生我」，當作「命此」。

【疏證】

　　奎本、明州本、建本同。贛本、尤本作「命此」。謹案：語見《毛詩注疏‧
大雅‧文王》，正作「命此」，《古今事文類聚》前集卷二十同，本書陸士龍《大
將軍讌會被命作詩》「道隆自天」注引亦同。毛本當誤從建本等，陳校蓋從《毛
詩》、本書內證、尤本等正之。題目「熊」，係「罷」之誤。《晉書‧馮紞傳》：
「二子播、熊。播字長秋。熊字文罷，中書郎。」可證。尤本等不誤。

肆予百里　注：《毛詩》曰：我求懿德，肆于時夏。

【陳校】

　　「肆予百里。」「予」，「于」誤。

【疏證】

奎本以下諸六臣合注本、尤本悉作「于」。謹案：《毛詩》，見《周頌·時邁》，正作「于」，《太平御覽》卷三百三十五引《周頌》同。此毛本傳寫獨因音近致誤。陳校當據善注、尤本等正之。

騰軌高騁　注：鄭玄《考功記注》曰：軌，猶轍也。

【陳校】

注「考功」。「功」，「工」誤。

【集說】

余氏《音義》曰：「功記」。「功」，何改「工」。

【疏證】

奎本、明州本、建本誤同。贛本、尤本作「工」。謹案：語見《周禮注疏·冬官·考工記下》。此書名「功」、「工」音同之譌，屢見古文獻。本書揚子雲《甘泉賦》「帶干將而秉玉戚」善注引亦誤「功」。毛本當誤從建本等，陳校據《周禮》、尤本等正之。

及子春華，後爾秋暉　注：春華喻少年，秋華喻老成。

【陳校】

注「秋華」。「華」，「暉」誤。

【疏證】

奎本以下諸六臣合注本、尤本悉作「秋暉」。謹案：此獨毛本涉上「春華」字而譌。陳校當據正文、及注上文「終當後爾秋暉之盛也」、尤本等正之。

答賈長淵一首並序　　陸士衡

釋位揮戈　注：《左氏傳》：王子朝告于諸侯曰：居王于儋。諸侯釋位以間王政。

【陳校】

注「以聞王政」。「聞」，「間」誤。

【疏證】

　　明州本、贛本、建本同。《集注》本、奎本作「間」。尤本作「閒」。謹案：語見《春秋左傳注疏·昭公二十六年》，字正作「間」，《困學紀聞》卷三、卷十一兩引《左傳》同。本書潘元茂《冊魏公九錫文》「羣后失位，以謀王室」注、陸士衡《五等論》「故國憂賴其釋位」注引並作「間」。「閒」與「間」同，《長短經·三國權》作「雖復諸侯釋位以閒王政」，是其驗。此明州本首誤，贛、建二本躡之，毛本當誤從建本等，陳校蓋從《左傳》、本書內證、尤本等正之。

國玩凱入　注：玩與翫，古字通。《周禮》師有功則凱樂。

【陳校】

　　注「與翫」。「翫」下，脫「同」字。

【疏證】

　　《集注》本同。奎本以下諸六臣合注本、尤本悉有「同」字。謹案：《荀子·非相篇》「而好治怪說，玩琦辭」，楊倞註亦有云：「玩與翫同。」此毛本傳寫偶脫，陳校當從尤本等補之。

嶽訟違魏　注：《孟于》萬章曰。

【陳校】

　　「嶽訟違魏」。「嶽」，「獄」誤。又〔注〕「孟于」。「于」，「子」誤。

【疏證】

　　奎本作「獄」、誤「于」。《集注》本、明州本、贛本、尤本、建本作「獄」、「子」。謹案：注見《孟子注疏·萬章》篇，正作「子」。「嶽」，「獄」音形並近，「于」，「子」形近，毛本皆傳寫而譌，陳校當從《孟子》、尤本等正之。

陳留歸蕃　注：《魏志》曰：陳留三誅奐，字景明。

【陳校】

　　注「陳留三誅奐」。「三」，「王」誤。「誅」，「諱」誤。「奐」，「奐」誤。

【疏證】

　　奎本、明州本、贛本、尤本悉作「王」、「諱」、「奐」。建本除「誅」作「韓」、

《集注》本除「奠」作「象」，其餘並同尤本等。謹案：《魏志·陳留王奐傳》正作「王」、「諱」、「奐」，本書孫子荊《為石仲容與孫皓書》「主上欽明，委以萬機」注引《魏志》脫「諱」字，餘同。毛本三字因形近而譌耳。陳校當從《魏志》、尤本等正之。

東朝既建 注：謂甤懷太子也。

【陳校】

注「謂甤懷太子」。「甤」，「懋」誤。

【疏證】

《集注》本、奎本以下諸六臣合注本、尤本悉作「懋」。謹案：本書上篇《贈馮文羆遷斥丘令》「承華再建」注亦作「懋懷太子」。毛本傳寫獨譌，陳校當從本書內證、尤本等正之。

濟同以和

【陳校】

（句）下脫「魯侯戾止，袞服委蛇」二句，並注「《毛詩》曰：魯侯戾止，《爾雅》曰：戾，至也。《周禮》曰：三公自袞冕而下，《毛詩》曰：退食自公，委蛇委蛇」十句。

【集說】

孫氏《考異》曰：「魯侯戾止，袞服委蛇。」一本脫此二句。

梁氏《旁證》曰：（魯侯戾止，袞服委蛇）此詩二句注三十四字，在「思媚皇儲」句上，尤本、元槧本同。毛本脫。

許氏《筆記》曰：汲古初刻脫「魯公戾止」二句及注。錢校增入「魯公」二句，又妄削「濟同以和」注。案：汲古初本注云：「《左氏傳》：齊侯曰：『唯據與我和？』晏子曰：『據亦同也。焉得為和和如羹焉？宰夫和之，濟其不及，以洩其過，君子食之以平其心。君臣亦然。』杜預曰：「梁丘據也。」嘉德案：注已見上。又《左》五字本多脫誤。今以汲古初刻補正。

【疏證】

《集注》本、奎本以下諸六臣合注本、尤本悉有此二句及注三十四字。謹案：此毛本獨脫。陳校當從尤本等補之。孫氏所謂「一本」，即指毛本原刻，

錢士謐重刻本已補正，係孫氏《考異》所據底本耳。嘉德以毛本初刻以補五字，本《左傳》，於此亦略見汲古閣初刻本之價值。

思媚皇儲　注：王隱《晉書》：謐以賈后之妹子數入宮與懷愍處。

【陳校】

　　注「與懷愍處」。「懷愍」當乙。

【疏證】

　　奎本以下諸六臣合注本、尤本悉作「愍懷」。《集注》本作「愍懷遊處」。謹案：此毛本獨倒。陳校當從尤本等乙正之。《集注》本「處」上有「遊」字，最是。

念昔良遊　注：劉楨《黎陽山賦》曰：良遊未厭。

【陳校】

　　注「劉楨」。「楨」，「楨」誤。

【疏證】

　　奎本以下諸六臣合注本、尤本悉作「楨」。《集注》本誤作「損」。謹案：《藝文類聚》卷第七亦作「劉楨《黎陽山賦》」云。此毛本獨作「楨」，豈所據本諱宋仁宗，邊旁改從「真」歟？明州本闕筆末點，可為佐證；或諱明楚昭王朱楨。正統十二年，山西鄉試。嘗因《詩經》題內「維周之楨」，「楨」字犯楚昭王諱。考試及同考官，俱罰俸一月。見顧炎武《日知錄》卷二十三故毛本未必為誤字也。

儀形在昔　注：《毛詩》曰：儀有文王。

【陳校】

　　注「儀有」。「有」，「刑」誤。

【疏證】

　　《集注》本、奎本、明州本、尤本、建本悉作「形」。贛本作「刑」。謹案：語見《毛詩注疏·大雅·文王》，字作「刑」，《漢書·刑法志》第三、《魏志·陳羣傳》引《詩》並同。本書潘安仁《藉田賦》「儀刑孚于萬國」注、陸士衡《皇太子宴　圃宣猷堂有令賦詩》「儀刑祖宗」注、任彥昇《蕭公年三十五行狀》「儀刑國胄」注引並作「刑」。然《說文通訓定聲·鼎部》：「形，叚借

為刑。」《周易注疏·鼎》：「其形渥」。聞一多案：「《集解》形，作刑。引虞翻曰：渥，大刑也」。《世說新語·方正》：「（夏侯）玄曰：雖復形餘之人，未敢聞命。」皆其證。「有」字，毛本傳寫獨誤，陳校當從《毛詩》、本書內證、贛本等正之。

予聞子命　注：《左氏傳》：晉克曰：臣聞命矣

【陳校】

注「晉克」。「晉」，「里」誤。

【集說】

胡氏《考異》曰：注「晉克曰」。何校「晉」改「里」。陳同。各本皆誤。梁氏《旁證》同胡氏《考異》。

【疏證】

奎本以下諸六臣合注本、尤本誤悉同。《集注》本作「晉里克」。謹案：語見《左傳·僖公十年》，字正作「里」，本書江文通《詣建平王上書》「常欲結纓伏劍」注引同。此毛本當誤從尤本等，陳、何乃從《左傳》、本書內證等正之。《集注》本作「晉里克」，亦得。

於承明作與士龍一首　　陸士衡

宿言（淨）〔涕〕交纓　注：《淮南子》曰：雍門子以哭見孟嘗君，涕流霑纓

【陳校】

注「子以哭見」。「哭」，「琴」誤。

【集說】

余氏《音義》曰：「以哭」。「哭」，何改「琴」。

【疏證】

《集注》本、明州本、贛本、建本同。奎本、尤本作「琴」。謹案：事見《淮南子·繆稱》，曰：「甯戚擊牛角而歌，桓公舉以大政；雍門子以哭，見孟嘗君，涕流沾纓。歌、哭眾人之所能為也。」下文歌、哭並舉，歌，指甯戚，

哭，謂雍門子，證作「哭」是。本書郭景純《遊仙詩（逸翮）》「零淚緣纓流」注引《淮南子》亦誤作「琴」，然尤本（泣淚霑珠纓）注則作「哭」。可見並非李善所見本《淮南子》與今本不同，祗是傳寫之譌耳。毛本從建本等不誤，陳、何校此從尤本，反非。此類正胡氏《考異》所謂「凡何、陳校之非者，多不複出」，真相幸賴余氏得以保存者也。

思歸樂遵渚　注：言……思歸之志，樂於蓮渚之征鴻也。

【陳校】

　　注「樂於蓮渚」。「蓮」，「遵」誤。

【疏證】

　　《集注》本、奎本以下諸六臣合注本、尤本悉作「遵」。謹案：此毛本傳寫獨因形近而譌，陳校蓋據正文、尤本等正之。

贈尚書郎顧彥先二首　　陸士衡

無乃將為魚　注：《左氏傳》曰：天王使劉定公勞趙孟，館於雒汭。

【陳校】

　　注「館於雒汭。」「雒」，「雒」誤。

【疏證】

　　《集注》本、奎本以下諸六臣合注本、尤本悉作「雒」。謹案：語見《春秋左傳注疏·昭公元年》，正作「雒」，《通志·趙武傳》引、《北堂書鈔》卷一百二十七「弁治民」注引並同。毛本傳寫獨因形近而譌，陳校蓋從《左傳》、尤本等正之。

贈顧交阯公真一首　　陸士衡

伐鼓五嶺表　注：裴淵《廣州記》：五嶺，云：大庚……

【陳校】

　　注「大庚」。「庚」，「庾」誤。

【疏證】

明州本誤同。《集注》本、奎本、贛本、尤本、建本悉作「庾」。謹案:《史記·秦始皇本紀》「以適遣戍」集解引、《漢書·張耳陳餘傳》「南有五領之戍」師古引《廣州記》並作「庾」。「庚」,「庾」之混,多見于古文獻,皆因形近所致。毛本或誤從別本,陳校當從尤本等正之。

贈從兄車騎一首　陸士衡

營魄懷茲土　注:《老子》曰:載營魄,抱一能無離乎。鍾會曰:……經護為營,形氣為魄。為魄經護其形氣,使之長存也。

【陳校】

注「形氣為魄為魄。」下「為魄」,當作「謂魂魄」。

【集說】

余氏《音義》曰:「為魄經」。「為」,何改「謂」。

梁氏《旁證》曰:注「為魄經護其形氣。」毛本「謂」誤作「為」,又脫「魂」字。

【疏證】

奎本以下諸六臣合注本、尤本悉作「謂魂魄」。謹案:毛本獨涉上誤,陳校當從尤本等正之。何校「魄」上仍脫一「魂」字。此鍾會《老子注》語。諸本「會」下並脫「注」字,本書陸士衡《弔魏武帝文》「迨營魄之未離」注引亦脫,惟謝靈運《石門新營所住——》「得以慰營魂」注引鍾說有「注」字,是也。

答張士然一首　陸士衡

駕言巡明祀,致敬在祈年　注:《毛詩》曰:敬祭明祀。

【陳校】

注「敬祭明祀。」當作「敬恭明神」。

【集說】

胡氏《考異》曰:注「敬祭明祀。」陳曰云云。是也,各本皆誤。

梁氏《旁證》曰：陳校改「敬恭明神。」按：「祀」字不必改。《詩·雲漢》：「敬恭明神。」釋文云：「明祀，本或作明神。」《漢西嶽華山碑》云：「敬恭明祀，以奉皇靈。」即本《詩》語。

朱氏《集釋》曰：注「《詩》敬恭明祀。」自注：今本恭或誤祭。案：《雲漢》詩：「敬恭明神。」釋文云：「明祀，本或作明神。」是陸作「明祀」，《正義》則用「或作」本也。盧氏《考證》謂：「作明祀者，又見《隸釋·西嶽華山亭碑》。胡墨莊云：『《箋》言：肅事明神如是，明神宜不恨怒於我，則鄭所據《毛詩》自作明神。《東京賦》：盛夏后之致美，爰敬恭于明神。李注引《詩》：恭敬明神敬恭誤倒，知張平子所據《詩》亦作明神。即有一本作明祀，要不得據以輕改。』」余謂：善注兩引，一同《釋文》本，一同《正義》本，蓋各就其正文故異耳。

許氏《筆記》曰：注「《毛詩》曰：敬祭明祀。」六臣本善注：「《周書》曰：助王恭明祀。」互見顏延年《拜陵廟作》。嘉德案：六臣茶、袁本善注無「《周書》曰」二語，與公見六臣不同，未審何本。胡曰：「陳云：『當作敬恭明神。』」

【疏證】

奎本以下諸六臣合注本、尤本悉同。謹案：語見《毛詩注疏·大雅·雲漢》，正作「敬恭明神。」音義云：「明神，本或作明祀。」各本「祭」字皆誤，陳校當據《毛詩》正之。梁氏據《詩·釋文》引「或本」，謂「祀字不必改」，亦是。本書江文通《雜體詩·袁太尉淑》「恭潔由明祀」注引正作「敬恭明祀。」許言「互見顏延年《拜陵廟作》」，見該詩首句「周德恭明祀」善注《周書》曰：助王恭明祀」云。臧琳《經義雜記》卷二十三「敬恭明神」條，云：「李善注《文選》陸士衡《答張士然詩》引《毛詩》曰『敬恭明祀』。案：《文選·東京賦》『爰恭敬於明神』李注引《毛詩》『恭敬明神』，知張平子所據《詩》，亦作『明神』。即有一本作『明祀』，要不得據以輕改也。」亦主「敬恭明神」。

為顧彥先贈婦二首　陸士衡

題下注：《集》云：為令彥先作。今云顧彥先，誤也。

【陳校】

題注「為令彥先」。「令」，「全」誤。

【集說】

余氏《音義》曰:「令彥」。「令」,何改「全」。

胡氏《考異》曰:陸士龍同題之作,題下注作「《集》亦云『為顧彥先』」。案:「顧」,當作「全」。見前卷士衡詩題下注。「亦」者,即「亦彼」也。不知者謂「亦此題」而改之耳。二陸同作,不得歧異,明甚。今世行二陸《合集》,又將士衡題一概盡改成「顧」字,則更誤中之誤也。

張氏《膠言》曰:注云:「《集》云:『為令彥先作。』今云顧彥先,誤也。」雲璈按:《三國志》吳有全琮,字子璜,彥先或其後裔。自注:陸士龍詩亦誤,《玉臺新詠》亦作顧彥先。

梁氏《旁證》曰:按:陸士龍亦有此作,而二陸又別有《贈顧彥先》詩,則「顧」字似不誤。又按《玉臺新詠》,載士龍此詩,題「贈婦」下有「往返」二字,度士衡此題亦必爾。當由傳寫誤脫耳。

【疏證】

奎本以下諸六臣合注本同。尤本作「全」。謹案:「全」,古文「全」。《說文》:「完也。從入、從工。」抄手或正從古文,遂形近致譌為「令」。從其譌作「令」,似可推原為「全」之佐證。當時全姓蓋亦孫吳大族。張氏因推「彥先或其後裔」。陳、何之校及前胡之說,似非無理。然考《晉書·顧榮傳》云:「顧榮,字彥先。吳國吳人也。為南土著姓。祖雍,吳丞相。父穆,宜都太守。榮,⋯⋯弱冠仕吳,為黃門侍郎,太子輔義都尉。吳平,與陸機兄弟同入洛,時人號為三俊。例拜為郎中,歷尚書郎、太子中舍人、廷尉正」云云。又觀本書所收士衡《贈尚書郎顧彥先》外,複有陸氏弟兄《為顧彥先贈婦》同題之作。即此題目,已足見二陸與顧過從密切、居止親昵。嗣玩梁氏《旁證》之說,是士衡弟兄所與交遊之「彥先」,非顧榮莫屬矣。然則,毛本未必誤。以「顧」字為誤,首在善注。陳、何依善注而作修訂,「誤也」。參下「翻飛漸江沱」條。

願假歸鴻翼　注:魏文帝《喜霽賦》曰:舉六翻而輕飛。

【陳校】

注「舉六翻而輕飛。」「翻」,「翮」誤。

【集說】

余氏《音義》曰:「六翮」。「翮」,何改「翮」。

【疏證】

《集注》本、奎本以下諸六臣合注本、尤本悉作「翮」。謹案:六翮,鳥之翅膀。毛本傳寫獨因二字形近或涉下正文譌,陳校當從尤本等正之。本書石季倫《王明君辭》「願假飛鴻翼」注引曹丕此賦作「翮」,亦譌。

翻飛浙江氾　注:《毛詩》曰:江有氾。

【陳校】

按:全氏係出錢塘,故有此句。益可證題中以「全」為「顧」之誤。

【集說】

孫氏《考異》曰:「翻飛浙江氾」。「浙」,宋本作「游」。按:注中不及「浙江」,疑宋本得之。

顧按:此「浙」乃「泝」之誤。若作「浙」,李當注。

胡氏《考異》曰:「翻飛浙江氾」。袁本、茶陵本有校語云:「游,善作浙。」今案:各本所見皆非也。詳善但引「江有氾」為注,而不注「浙江」,是「江氾」連文,非「浙江」連文,蓋亦作「游」,與五臣無異。傳寫誤也。

梁氏《旁證》曰:「翻飛浙江氾。」六臣本「浙」作「游」。《玉臺新詠》亦作「游」。李注引「江有氾」而不注「浙江」,是「江氾」連文,非「浙江」連文也。

胡氏《箋證》曰:「翻飛浙江氾。」按:「浙」當作「游」,字之誤也。六臣本作「游」。

【疏證】

尤本作「浙」。《集注》本、五臣正德本及陳本「游」,奎本以下諸六臣合注本同,有校云:善本「浙」。謹案:五臣作「游」,有翰注可證。善注亦作「游」,前胡辨之甚審。毛本作「浙」,當誤從尤本。此承上條,陳校補證題「以全為顧」之誤。然其前提必須是本句作「浙江」,今既善與五臣皆為「游」字,則陳校亦失其所據矣。

贈馮文（熊）〔羆〕一首　陸士衡

悠悠迴且深　注：王粲《贈士孫文始》詩曰：雖則固城，邈其迴深。

【陳校】

注「雖則固城。」「固城」，當作「同域」。

【集說】

梁氏《旁證》曰：毛本「同域」作「固城」。段校已改。

【疏證】

《集注》本、奎本以下諸六臣合注本同。尤本作「同域」。謹案：王粲詩載在本書，正作「同域」。毛本當誤從建本等，陳校當從本書內證、尤本等正之。

贈弟士龍一首　陸士衡

愍焉傷別促　注：《詩》曰：我心悠傷，愍焉如擣。

【陳校】

注「我心悠傷。」「悠」，「憂」誤。

【集說】

梁氏《旁證》曰：毛本「憂」，誤作「悠」。

【疏證】

《集注》本、奎本以下諸六臣合注本、尤本悉作「憂」。謹案：《毛詩》，見《小雅・小弁》，正作「憂」字。《漢書・中山靖王傳》、《太平御覽》卷三百七十六、卷四百六十八、四百六十九等引並同。《九家集注杜詩・蘇端薛復筵簡薛華醉歌》「急觴為緩憂心擣」注引《小弁》亦作「憂」。毛本獨因音近而誤耳，陳校當依《毛詩》、尤本等正之。

為賈謐作贈陸機一首　潘安仁

神農更黃軒轅承紀　注：《史記》曰：軒轅為天子，代神農氏，是為黃帝。順天地之紀。《家語》：孔子曰：古之王者易代改號，取法五行。

五行更王，終始相生也。

【陳校】

「神農更黃。」「黃」，「王」誤。

【集說】

余氏《音義》曰：何曰：宋本「黃」作「王」。

葉刻：何曰：「王」，當作「皇」，謂「五帝更三皇」也。又曰：古人「黃」、「皇」通用，與注相諧。作「王」者，非。

孫氏《考異》曰：何曰：「黃，當作皇……作王者非。」志祖按：六臣作「王」。與注引《家語》合。

張氏《膠言》曰：注引《史記》曰：「軒轅為天子，代神農氏，是為黃帝。」雲璈按：文義甚明，不知何氏義門何以必欲改「黃」為「皇」，謂「五帝更三皇」，又云：「古人黃、皇通用。」未詳所據。

梁氏《旁證》曰：毛本「王」誤作「黃」。

姚氏《筆記》曰：何曰云云。

朱氏《集釋》曰：案：何氏焯云：「神農更黃。黃，當作皇。謂五帝更三皇也。古皇、黃通用。」余謂：何校作「皇」，亦非。注中明引《家語》言「五行更王」，非謂帝、皇之分。今本作「王」是也。張氏《膠言》又以上引《史記》，遂以「黃」為黃帝。然黃帝即軒轅，不應累疊。注意蓋以黃帝承神農之後，為「承紀」二字作證耳。若作「更黃」，殊為不辭。果爾，則注引《家語》，豈非贅乎？

徐氏《糾何》曰：何曰云云。案：注：《家語》：「王者取法五行，五行更王，終始相生。」知元本原係「王」字，不必更為曲說。

胡氏《箋證》曰：《旁證》曰云云。

許氏《筆記》曰：何曰云云。案：注引《家語》「五行更王」，是李原本作「王」，言包犧王天下及神農、軒轅更迭而王也，何氏不詳究李注，反為曲說，以駁宋本而阿五臣，愚不敢信。嘉德案：張仲雅曰云云。張譏何氏作「皇」，

而以為「黃」字，亦未究李引《家語》「更王」之語，誤認正文「黃」即「黃帝」之「黃」耳。抑知注中「是為黃帝」句，乃連文及之，以釋「軒轅」，非釋「更王」也。若「黃帝」為正文之「黃」，則下注豈非贅語乎？宋本作「更王」，不誤。

【疏證】

《集注》本、諸《文選》本悉作「王」。謹案：上引《文選》諸本作「王」，「與注引《家語》合」，然則，善本原本如此，《藝文類聚》卷三十一「神農更生」，「生」之誤，蓋由跡近「王」字，亦見作「黃」字之非。孫氏、梁氏、朱氏、徐氏《糾何》、許氏皆以作「王」為是。俞樾《何義門文選評本序》云：「或疑其專論文法，似不及葉刻本。然如潘安仁《為賈謐贈陸機詩》『神農更黃』，黃，當作王、謝希逸《宣貴妃誄》『容與經緯』，緯，當作闈，此皆改正而葉本未之改，則其勝於葉刻者亦多矣。」《春在堂雜文四編》七。亦以何初校為是。謹又案：本條可見何氏校《文選》之勤，前後進益之跡。初引宋本以作「王」為正，復云「當作皇」，是否定之否定，結論雖非是，然亦可見何校數經改易，用力良勤。

子嬰面襯　注：《左氏傳》曰：許僖公見楚子於武城，面縛銜璧，……士輿襯。

【陳校】

「襯」，「櫬」誤。注同。

【疏證】

《集注》本、奎本以下諸六臣合注本、尤本並注悉作「櫬」。謹案：語見《春秋左傳注疏·僖公六年》，正作「櫬」。《藝文類聚》卷八十、《太平御覽》卷三百二十四、《白孔六帖》卷五十六引、《北堂書鈔》卷一百十九「面縛銜璧」注引同。本書任彥昇《為范尚書讓吏部封侯第一表》有「輿棺未毀」，「輿棺」即「輿櫬」，亦見字當從「木」。此毛本因形近而誤，陳校當從《左傳》、尤本等正之。

英英朱鸞　注：王逸《楚辭序》曰：蛇龍鸞鳳，以託君子。

【陳校】

注「蛇龍」。「蛇」，「虬」誤。

【疏證】

　　奎本以下諸六臣合注本、尤本悉作「虬」。謹案：語見《楚辭章句·離騷經·序》，字正作「虬」。本書傅長虞《贈何劭王濟》「雙鸞遊蘭渚，二離揚清暉」注、顏延年《祭屈原文》「連類龍鸞」注引並作「虯」。《說文·虫部》：「龍子有角者。从虫，丩聲。渠幽切。」桂馥《義證》：「此即今之虬字」。毛本獨因形近而譌，陳校當從《楚辭》、尤本等正之。

恬淡自逸　注：《文子》曰：静漠恬淡。

【陳校】

　　注「恬淡」。「恬」，「恬」誤。

【疏證】

　　《集注》本、奎本以下諸六臣合注本、尤本悉作「恬」。謹案：《文子》，見《精誠》、又見《守静》篇，並作「恬」，本書謝靈運《登江中孤嶼》「得盡養生年」注引同。此毛本獨因形近而誤。陳校當從《文子》、本書內證、尤本等正之。

廊廟惟情　注：《爾雅》曰……捷為舍人曰。

【陳校】

　　「廊廟惟情。」「情」，「清」誤。又注「捷為舍人」。「捷」，「犍」誤。

【集說】

　　余氏《音義》曰：「捷為」。「捷」，何改「犍」。

【疏證】

　　《集注》本、諸《文選》本咸作「清」。「捷」，贛本、建本誤同。《集注》本、奎本、明州本、尤本作「犍」。謹案：五臣作「清」，向注可證。毛本獨誤作「清」者，蓋緣音、形二近，陳、何校當據尤本等正之。《困學紀聞》卷八：「《爾雅疏》引『舍人』云：『按《經典序錄·爾雅》：有犍為文學注二卷。一云：犍為郡文學卒史臣舍人，漢武帝時待詔。』」《漢書·地理志》八：「犍為郡：……縣十二。」注：「武帝建元六年。開莽曰：『西順，屬益州。』應劭曰：『故夜郎國。』」本書揚子雲《羽獵賦》「移珍來享」注、賈誼《弔屈原文》「豈云異夫犬羊，般紛紛其離此尤兮」注引並作「犍」。毛本作「捷」，則當從贛、

建六臣本系統而來，似非誤字，《太平御覽》卷八百三十四「翼」字、「涔」字二條引《爾雅》注「犍為舍人」，並作「捷」，可證。關於「舍人」，可參上《羽獵賦》「儲積共偫」條。

齊轙羣龍　注：揚雄《河東賦》曰：將悉統之以羣龍。

【陳校】

　　注「將悉統之」。「統」，「總」誤。

【集說】

　　余氏《音義》曰：「悉統」。「統」，何改「總」。

【疏證】

　　《集注》本、奎本以下諸六臣合注本、尤本悉作「總」。謹案：《漢書·揚雄傳》作「總」。《通志·揚雄傳》同。《玉篇·糸部》：「統，總也。」統與總，義同，毛本獨作「統」或有所本，陳、何不改亦得。

情通友僚

【陳校】

　　「通」，「同」誤。

【疏證】

　　《集注》本、諸《文選》本咸作「同」。謹案：「通」、「同」音義並同，可通用，毛本或有所據。毛本之前，已有明人馮惟訥《古詩紀》卷三十八、張溥《漢魏六朝百三家集·潘岳集》並作「通」，故陳校不改亦得。前胡《考異》不錄，良有以也。

欲崇其高　注：郭璞曰《山海經注》曰

【陳校】

　　注「郭璞曰」。「曰」字，衍。

【集說】

　　胡氏《考異》曰：注「郭璞囗空脫一字《山海經注》曰。」袁本「璞」下衍「曰」字，茶陵本無。此亦初衍脩去。

【疏證】

奎本、明州本衍同。贛本、尤本、建本無上「曰」字。謹案：本書曹大家《東征賦》「望河洛之交流兮」注引「山」上亦衍「曰」字。然縱觀本書善注引達二十餘處，大抵不誤，即如首篇班孟堅《西都賦》，有「猨狖失木」及「曳犀聮」二注援引皆不衍。本條上「曰」字之衍，毛本前有明州本等，前胡所據黃丕烈舊藏尤本亦「初衍脩去」，此或毛本遠祖。陳校當從本書內證、贛本、建本等正之。

在南稱甘，度北則橙　注：《博物志》曰：橘柚須甚多。

【陳校】

注「橘柚須」。「須」，「類」誤。

【疏證】

奎本以下諸六臣合注本、尤本悉作「類」。謹案：此語不見今本《博物志》。《太平御覽》卷九百七十三引作：「《博物志》曰：橘柚類多，豫章郡出真者」，正作「類」字。此毛本獨因形近而譌，陳校當從尤本等正之。

贈陸機出為吳王郎中令一首　潘正叔

曩惟延州　注：《左氏傳》曰：延州來季子其果立乎？杜預曰：延州來，季凡邑也。

【陳校】

注「季凡」。「凡」，「札」誤。

【集說】

余氏《音義》曰：「季凡」。「凡」，何改「札」。

【疏證】

奎本以下諸六臣合注本、尤本悉作「札」。謹案：語見《春秋左傳注疏·襄公三十一年》，字正作「札」。《史記·吳太伯世家》「季札封於延陵，故號曰延陵季子」索隱：引「《左傳·襄三十一年》」杜注正作「延州來，季札邑」。又引《左傳·昭二十七年》「吳子使延州來季子聘於上國」杜注「季子本封延陵，後復封州來，故曰延州來。」州來，楚邑也。此毛本獨因形近而譌，陳、何校

當從《左傳》、尤本等正之耳。

振鱗南海　注：《高堂賦》曰：振鱗奮翼。

【陳校】

　　注「《高堂賦》」。「堂」，「唐」誤。

【疏證】

　　奎本以下諸六臣合注本、尤本悉作「唐」。謹案：《高唐賦》載在本書。《古今事文類聚》後集卷十二引，亦作「唐」。本書張平子《西京賦》「鳥不暇舉」注、《南都賦》「鳥不暇翔」注、司馬長卿《上林賦》「振鱗奮翼」注引並作「唐」；然《七發》「鳥不及飛」注引則亦作「堂」。《說文繫傳·水部》「淒」徐鍇按引、任淵注《山谷內集詩·次韻任道食荔枝有感》「六年怊悵荔枝紅」引、《太平御覽》卷九百三十二引「宋玉《高唐賦》」並作「堂」。考「堂」與「唐」，音並「徒郎切」、義並「高大」，字當可通。惠棟《松厓筆記·堂與唐通》云：「花之早放者曰堂花。或曰：『堂，猶塘也』，塘報最速，故花以之名。古文堂、唐通，其說是也。義山《公子詩》：『金唐公主年應小，二十君王未許婚。』注義山詩者，皆不詳出處。予案《文獻通考》，穆宗八女金堂公主適郭仲恭。金堂即金唐也。」謹又案：《舊唐書·郭子儀傳》附、《新唐書·諸公主列傳》並作「堂」。清王士禎《居易錄談》卷下：「今京師臘月即賣牡丹、梅花、緋桃、探春，諸花皆貯暖室，以火烘之，所謂堂花，又名唐花是也。」可為惠氏說佐證。然則，毛本蓋用叚字，陳校無須改焉。

容與墳丘　注：《左氏傳》：楚丘左史倚相趨過，王曰：是史也。

【陳校】

　　注「楚丘」。「丘」字衍。又「是史也。」「史」上脫「良」字。

【集說】

　　胡氏《考異》曰：注「是史也。」何校「史」上添「良」字。陳同。各本皆脫。

　　梁氏《旁證》同胡氏《考異》。

【疏證】

　　奎本以下諸六臣合注本、尤本悉無「丘」字、脫「良」字。《集注》本無

「丘」字、有「良」字，謹案：語見《春秋左傳注疏・昭公十二年》，正無「丘」
字、有「良」字。本書夏侯孝若《東方朔畫贊》「八索九丘」注引亦有「良」
字。「丘」字，毛本獨涉下文而衍，彼脫「良」字，蓋因誤從尤本等耳。陳校
當從《左傳》補正之。

乃漸上京，羽儀儲宮　注：《周易》曰：鴻漸于陸，其羽可以為儀吉。

【陳校】

　　「羽儀儲宮。」「羽」，「乃」誤。

【集說】

　　余氏《音義》曰：「羽」，何曰：「宋本乃」。

　　孫氏《考異》曰：何校從宋本「羽」改「乃」。志祖按：五臣作「羽」，善
作「乃」。據注引《易》語，作「羽儀」為是。義門過信宋本，恐不必從。

　　顧氏評校孫氏《文選考異》曰：「乃漸上京」，入洛也；「乃儀儲官」，為太
子洗馬也。每句一事，於兩「乃」字別之。善是，五臣非。與宋本何涉，而曰
「義門過信」耶？惟汲古閣誤用五臣改善，義門據宋本校之耳。侍御模糊多
此類矣。見王氏《蛾術軒篋存善本書錄・甲辰稿》卷四，1410 頁。

　　梁氏《旁證》曰：五臣「乃」作「羽」，向注可證。案：五臣非也。作「乃
漸上京」，謂入洛也；「乃儀儲官」，謂為太子洗馬也。兩句各指一事，故用兩
「乃」字。五臣改去下「乃」字，是誤並上下為一事，失之遠矣。

　　胡氏《箋證》曰：六臣本作「羽儀」，校云：「善羽作乃。」《旁證》云：
「作羽儀非也」云云。

　　許氏《筆記》曰：善本作「乃儀」。嘉德案：六臣本作「羽」，云善作「乃」。
何校從宋本作「乃」，然則，注引《周易》「其羽可用為儀」者，乃釋「儀」字，
猶上句「乃漸上京」引「鴻漸于陸」釋「漸」字，非用「羽」字也。孫氏謂「義
門過信宋本」，未然也。

【疏證】

　　五臣正德本、陳本同，奎本以下諸六臣合注本悉同，有校云：善作「乃」。
尤本、《集注》本作「乃」。謹案：《藝文類聚》卷三十一作「乃」。陳、何校從
宋本改「羽」為「乃」，是。梁氏、後胡《箋證》說，實宗顧按。嘉德以注引
《周易》「其羽可用為儀」者，乃釋「儀」字，非用「羽」字，亦同顧按，而

非孫氏「義門過信宋本」說，皆是。平心而論，顧校於《選》，實高孫氏一頭地。

注：《周易》曰：鴻漸于陸，其羽可以為儀。吉。

【陳校】

　　注「可以為儀」。「以」，「用」誤。

【集說】

　　梁氏《旁證》曰：今《易》「以」作「用」。後謝宣遠《於安城答靈運詩》注亦作「以」。

【疏證】

　　尤本同。《集注》本作「用」。奎本以下諸六臣合注本悉無「《周易》」以下十四字。謹案：語見《周易注疏·漸》，正作「用」字，唐·李鼎祚《周易集解》注引干寶所見作「以」。梁引謝宣遠《於安城答靈運》書注見「鴻漸隨事變」句下。「以」與「用」義同，陳校正不必改。尤本有此十四字，當有來歷，絕非尤臆增，《集注》本可為佐證。

彼美陸生，可與晤言　　注：《毛詩》曰：彼美叔姬，可以晤言。

【陳校】

　　注「叔姬」。「叔」，「淑」誤。「可以晤言」。「以」，「與」誤。

【集說】

　　顧按：「叔姬」，見《釋文》。

【疏證】

　　《集注》本、奎本以下諸六臣合注本、尤本悉作「淑」、「以」。謹案：語見《毛詩注疏·陳風·東門》，正作「淑」、「與」，本書謝惠連《泛湖歸出樓中翫月》「晤言不知罷」注、阮嗣宗《詠懷詩（灼灼）》「晤言用自寫」注引並同。然「叔」與「淑」通。清·沈廷芳《十三經注疏正字·詩·東門之池》亦云：「『彼美』節《音義》：『叔，音淑』」自注：「叔淑字，誤倒。《釋文》本作叔字」。與顧氏同。「以」、「與」亦通，則有宋·吳棫《韻補》卷二「菅」下引《毛詩》亦作「彼美淑姬，可以晤言」足為證。是陳校當據《毛詩》、本書內證為據，然不改亦得，蓋毛本亦有所出。

贈河陽一首　潘正叔

桐鄉建遺烈　注：《漢書》曰：朱邑字仲卿，廬江人……及死，其子葬之桐鄉西郭外，人果共立為邑，起冢立祠。

【陳校】

注「人果共立」。「立」字，衍。

【集說】

胡氏《考異》曰：注「人果共立為邑起冢」。陳曰云云。是也。案：《漢書·循吏傳》「共」上有「然」字，無「立」字，各本皆誤。

梁氏《旁證》除末字作「衍」外，餘同胡氏《考異》。

【疏證】

奎本以下諸六臣合注本、尤本悉衍。《集注》本無。謹案：語見《漢書·朱邑傳》，今本正如前胡所云，作「果然，共為邑起冢」，然《藝文類聚》卷三十八、《太平御覽》卷五百五十三引《漢書》作「果共為邑起冢」，並無「然」字。毛本衍，當誤從尤本等，陳校蓋從《漢書》正之。前胡加「然」，亦不必。

弱冠步鼎鉉　注：《尚書注》曰：鼎，三公象也。

【陳校】

注「《尚書注》」上，脫「鄭玄」二字。見《西征賦》注。

【疏證】

奎本以下諸六臣合注本、尤本悉脫。《集注》本有「鄭玄」二字。謹案：《尚書》，見《商書·說命下》，正為鄭玄注。《西征賦》見「納旌弓於鉉台」句注。本書陳孔璋《為袁紹檄豫州》「竊盜鼎司」注、王元長《三月三日曲水詩序》「中鉉繼踵乎周南」注、王仲寶《褚淵碑文》「爰登中鉉」注引《尚書注》，上並有「鄭玄」字。此奎、尤本等涉注上《周易》鄭玄注而脫。毛本當誤從尤本等，陳校當從《尚書》、本書《西征賦》等補正。此亦前胡所漏校、漏錄者。

文選卷二十五

贈何劭王濟一首　　傅長虞

而從之末由　　注：《毛詩傳》曰：溯洄從之。

【陳校】

　　注「《毛詩傳》」。「傳」字衍。

【集說】

　　胡氏《考異》曰：注「《毛詩傳》曰」。何校去「傳」字，陳曰云云。是也，各本皆衍。

　　梁氏《旁證》同胡氏《考異》。

【疏證】

　　奎本、贛本、建本、尤本同。明州本漫漶。謹案：《毛詩》，見《秦風·蒹葭》篇，正為《毛詩》文。本書《吳都賦》「泝洄順流索」注、郭景純《江賦》「泝洄沿流」注、《古詩十九首（行行）》「道路阻且長」注、傅季友《為宋公至洛陽謁五陵表》「道阻且長」注引並為「《毛詩》」文。毛本衍當誤從尤本等，陳、何當據《毛詩》、本書內證等正之。

赫赫大晉朝　　注：《左氏傳》：子襄曰：赫赫而君臨之。

【陳校】

　　注「子襄曰：赫赫」。「襄」，「囊」誤、「赫赫」下，脫「楚國」二字。

【疏證】

奎本、明州本、建本作「囊」、「赫赫」下作「是國」。贛本、尤本作「囊」、有「楚國」二字。謹案：語見《春秋左傳注疏·襄公十三年》，正作「囊」、有「楚國」字，《後漢書·劉梁傳》、《太平御覽》卷五百六十二同，《長短經·敗功》引《文子》說，亦同。本書沈休文《應詔樂遊苑餞呂僧珍詩》「負重切君臨」注、任彥昇《天監三年策秀才文》「然自君臨萬寓」注、陸佐公《石闕銘》「昏虐君臨」注引並作「子囊」、有「楚國」字。「襄」字，毛本當誤從建本等，「楚國」字毛本獨奪，陳校當從《左傳》、本書內證、尤本等補正之。

攜手升玉階　注：《西都（賓）〔賦〕》曰：玉階彤庭。

【陳校】

注「玉階彤庭。」「彤」，「彤」誤。

【疏證】

奎本以下諸六臣合注本、尤本悉作「彤」。謹案：《西都賦》載在本書，正作「彤」字。謝玄暉《直中書省》「彤庭赫弘敞」注引亦作「彤」。此毛本蓋「彤」、「彤」形近獨誤，陳校當據本書內證、尤本等正之。又本條「賓」字當「賦」之誤，奎本當涉下文「曹植娛賓賦」而誤，明州本、尤本、建本等同，惟獨贛本作「賦」，不誤。本書張平子《西京賦》「金釭玉階，彤庭輝輝」注作「《西都賦》曰：玉階彤庭」，可證。「賓」字之誤，陳氏、前胡皆漏校。

尸素當言歸　注：《韓詩》曰：何為素餐？

【陳校】

注「《韓詩》」下，當有「章句」二字。又「何為素餐。」「為」，「謂」誤。

【疏證】

奎本以下諸六臣合注本、尤本悉無「章句」、作「謂」。謹案：王應麟《韓詩·詩攷》：「何謂素餐？素者質也」自注「薛君《章句》。《文選》注」。本書曹子建《求自試表》「虛受，謂之尸祿」注引與本條悉同；潘安仁《關中詩》「尸素以甚」注引則正有「章句」二字、作「謂」。按李善「引注（毛、韓詩訓詁）逕稱其書」例，尤本等無「章句」字，不必補。「為」與「謂」通，已見上左太沖《吳都賦》「略舉其梗概」條。然則，毛本無「章句」二

字，當從尤本等，作「為」亦不必改焉。陳校不必因《詩攷》、本書內證等或補或正焉。

為顧彥先贈婦二首　陸士龍

題下注：《集》亦云為彥先，然此二篇並是婦答，而云贈婦，誤也。

【陳校】

題注「為彥先」。「為」下，脫「顧」字。

【集說】

余氏《音義》曰：向曰：「《集》云：『為顧彥先贈婦二首，為婦答亦二首。』此是婦答，而云『贈婦』，《集》者，悞也。」

胡氏《考異》曰：注「《集》亦云為顧彥先」。案：「顧」，當作「全」，見前卷士衡詩題下注。

張氏《膠言》曰：陸士衡《為顧彥先贈婦》乃一贈一答，而俱云「贈婦」，此二篇並是婦答而云「贈婦」，皆誤也。李氏、呂向並云爾。此二篇也，所以誤者，按《玉（堂）［臺］新詠》作「陸雲《為顧彥先贈婦》往返四首」。第一首是贈婦，第二首婦答，第三首是贈婦，第四首是婦答，故題曰「往返」。今昭明但選婦答二首，而刪去題中「往返」字，遂致此誤。今補錄其贈婦二首，讀《選》者可恍然於其故矣。其一曰：「我在三川陽，子居五湖陰」云云。其二曰：「翩翩飛蓬征，郁郁寒木榮」云云。又婦答詩中「雅步擢纖腰」，《玉臺新詠》「擢」作「嫋」。……「顧」當為「全」，見前卷士衡詩。胡中丞云：「此題下注亦者，即亦彼也。不知者謂亦此題而改之耳。二陸同作，不得歧異，明甚。今世行二陸合集，又將士衡題一例盡改成顧字，則更誤中之誤也」。

梁氏《旁證》曰：「顧」，當作「全」，見前卷士衡詩題下注。《玉臺新詠》載士龍此詩本四首，昭明但錄二、四兩首。題中亦脫「往返」字。

【疏證】

奎本、尤本「為」下有「顧」。明州本逕刪奎本題下善注、作者下向注、有「顧」，贛本、建本同明州本，然上冠「善同向注」。謹案：奎、尤二本是。毛本獨脫，陳校當據本書內證、尤本等補之。前胡《考異》說非。梁說前尚為疑似之辭。此則又斷作「全」，還當以作「顧」為是。參上陸士衡《為顧彥先

贈婦》「題下注」條。梁氏之誤，蓋由本條因襲《膠言》，遂與上失照，亦見
《旁證》出眾手而招致抵牾。余氏錄向注，乃截去下文，今為補足，亦可見張
說之源頭。

雅步擢纖腰　　注：許慎《淮南子》曰：擢，引也。

【陳校】

　　注「《淮南子》」下，脫「注」字。

【疏證】

　　奎本以下諸六臣合注本、尤本悉有「注」字。謹案：本書曹子建《七啟
（閒宮）》「擢水蘋」注引亦有「注」字。許慎《淮南子》注，屢見本書援引，
多達五十多處，即《西都賦》一篇「隋侯明月」注及「軼埃塌之混濁」注即二
引。陳校當從本書內證、尤本等補之。

輕裾猶電揮，雙袂如霧散　　注：張衡《舞賦》曰：裾若飛燕，袂如廻雪。
徘徊相佯，瞥若電伐。

【陳校】

　　注「徘徊相佯。」「相佯」，當作「相佯」，《楚詞》「憐浮雲之相佯」。又
「瞥若電伐。」「伐」，「滅」誤。

【集說】

　　胡氏《考異》曰：注「徘徊相佯，瞥若電伐。」陳云：「佯，當作佯。相
佯，見《楚辭》。伐，滅誤。」案：所校是也，各本皆譌。

　　梁氏《旁證》同胡氏《考異》。

【疏證】

　　奎本以下諸六臣合注本、尤本誤悉同。謹案：「相佯」，疊韻聯緜辭，辭
賦多見與「徘徊」、「逍遙」等疊韻詞連用。故既見「徘徊」，大抵可推「佯」
當「佯」之譌。毛本當誤從尤本等。陳校作「佯」，蓋從本書陶淵明《詠貧士
詩》「孤雲獨無依」注引「《楚辭》曰：憐浮雲之相佯。王逸注曰：相佯，無依
據之貌也」。作「滅」，當從本書潘安仁《河陽縣作》「瞥若截道飈」注引張賦，
彼正作「滅」字。前胡惟知陳校之得而不言其來歷，此未明重本書內證，正為
陳之校勘特色之一。

哀響入雲漢　注：《列子》曰：薛談學謳於秦清。

【陳校】

注「秦清」。「清」，「青」誤。

【疏證】

奎本以下諸六臣合注本、尤本悉作「青」。謹案：語見《列子‧湯問》，字正作「青」，《藝文類聚》卷四十三、《古今事文類聚》續集卷二十四引同，《太平御覽》卷五百七十二引《博物志》、《記纂淵海》卷五十七引《淮南子》亦同。本書陸士衡《擬古詩‧擬今日良宴會》「遺響入雲漢」注、曹子建《七啟》「悲歌入雲」注引並作「青」。陳校當從《列子》、本書內證及尤本等正之。

答兄機一首　陸士龍

南津有絕濟，北渚無河梁　注：機詩曰：我若西流水，子為東跱岳。酸者不能苦於言。《漢書》：董仲對曰：天地之常經，古今之通義。

【陳校】

注「我若西流水，子為東跱岳」下，脫「故云南北以報之。《楚詞》曰：江河廣而無梁」。又下云「酸者不能不苦於言。漢董仲舒《對策》曰：天地之常經，古今之通義。」按：「酸者」上，脫「張平子書曰」五字。又，此四句，乃下劉越石《答盧諶詩序》中「備辛酸之苦言，暢經通之遠旨」二語注文，今誤刻於此。「仲」下又脫「舒」字。

【集說】

余氏《音義》曰：六臣無「酸者」至「通義」二十四字，有「故言南北以報之。《楚辭》曰：江河廣而無梁」十六字。（下劉越石《答盧諶詩》序）又曰：何曰：「善曰：《張平子書》曰：『酸者不能不苦於言。』〔漢〕董仲舒《對策》曰：『天地之常經，古今之通義。』」

梁氏《旁證》曰：毛本脫此十六字。而衍「酸者」至「通義」二十四字。按毛本此詩注中雜有「向曰」、「濟曰」及下篇（即《答張士然》詩）「翰曰」、「銑曰」、「向曰」、「濟曰」六條，皆以五臣注誤入。（下劉越石《答盧諶詩》序）又曰：此三十字注（包括「張平子書曰」五字），毛本誤脫，而錯載於上《答兄機詩》注中。

姚氏《筆記》曰：何校滅「酸者」二十四字，改「故云南北以報之。《楚辭》曰：[江]河廣而無梁。」（下劉越石《答盧諶詩》序）又曰：何校前陸士龍《答兄機詩》注：「酸者不能[不]苦於言。《漢書》：『董仲舒對曰：天地之常經，古今之通義』」二十（四）[五]字，係此處注脫。「酸者」上有「張平子書曰」五字。

許氏《筆記》曰：「酸者不能」二十四字，是後劉越石《答盧諶》詩注。此處脫「故云南北以報之。《楚辭》曰：江河廣而無梁」十六字。正。（下劉越石《答盧諶詩》序）又曰：「遠旨」下，脫注「張平子書曰：酸者」至「通義」三十一字。補。

【疏證】

奎本以下諸六臣合注本、尤本無「酸者」二十四字，有「故云」十六字。謹案：「酸者」二十四字，蓋由下劉越石《答盧諶詩》「備辛酸之苦言，暢經通之遠旨」兩句善注：「張平子書曰：酸者」下至「通義」三十字誤入。尤本有此三十字，奎本以下諸六臣合注本三十字，則設在下「執玩反覆，不能釋手，慨然以悲」三句下。尤本是陳、何校所據。本條錯接下劉文注，其間相距約兩個半版，《旁證》所謂毛本兩詩共雜有六條五臣注皆在其中。由此可悟：毛本中混入有明顯標志之五臣注，蓋因底本闕葉所致，無識者先有錯接，繼有割截六臣贛本系統某本，以補綴、誤植所致爾。本條在研究《文選》版刻史上有重要價值。

神往同逝感，形留悲參商　注：《左氏傳》：子產曰：高辛氏有二子。伯曰閼伯，季曰實沈。……后遷閼伯於商丘，主辰。……遷實沈于大夏，主參。……向曰：魂神隨兄往而形留此，如參辰之不相見也。商、辰，星也。

【陳校】

注兩「竇沈」並當作「實沈」。「向曰」以下當削。

【集說】

余氏《音義》曰：「向曰」、「濟曰」。「向曰」，即呂向注，「濟曰」，即呂延濟注，下篇注「翰曰」，李周翰注，「銑曰」，張銑注，並五臣注誤入。

姚氏《筆記》曰：何滅「向曰」二十三字。

許氏《筆記》亦曰：注「向曰魂神」二十三字。向注誤入，削。

【疏證】

奎本以下諸六臣合注本、尤本悉作「實沈」。尤本無「向曰」二十三字。謹案：語見《春秋左傳注疏·昭公元年》，正作「實沈」。陳、何校蓋從尤本刪「向曰」二十三字。毛本「向曰」皆五臣注闌入善注。

衡軌若殊迹，牽牛非服箱　注：故答曰：衡軌若殊其迹，則類牽牛不必服箱也。《毛詩》曰：睆彼牽牛，不以服箱。濟曰：衡，軌也……而不得同聚。

【陳校】

注「不必服箱」。「必」，「以」誤。又「濟曰」以下。當削。

【集說】

姚氏《筆記》曰：何減「濟曰」五十字。

許氏《筆記》亦曰：注「濟曰：衡，歸也」五十字。濟注誤入，削。

【疏證】

奎本以下諸六臣合注本、尤本作「以」；尤本無「濟曰」以下五十字。謹案：毛本五十字蓋五臣注闌入善注，陳、何校從尤本刪。是也，觀注引《毛詩》，亦可佐證當作「以」。

答張士然一首　陸士龍

通波激枉渚，悲風薄丘榛　注：……翰曰：激，急也。枉渚，曲渚也。丘，墓。榛，棘也。

【陳校】

注「翰曰」以下，當削。

【集說】

梁氏《旁證》，已見上篇「南津有絕濟」條。

許氏《筆記》曰：注「翰曰：激，急也」十五字。翰注誤入，削。

【疏證】

　　尤本無「翰曰」以下十五字。謹案：毛本十五字蓋五臣注闌入善注，陳校從尤本刪之，是也。

脩路無窮迹，井邑自相循　注：……銑曰：脩，長。窮，極。循，順也。

【陳校】

　　注「銑曰」以下，當削。

【集說】

　　梁氏《旁證》，已見上篇「南津有絶濟」條。

　　許氏《筆記》曰：注「銑曰」九字。銑注誤入，削。

【疏證】

　　尤本無「銑曰」以下九字。謹案：毛本九字蓋五臣注闌入善注，陳校從尤本刪，是也。

百城各異俗，千室非良隣　注：……向曰：百城，郡也。言風俗各異，無親善之隣。謂吳漢之異。

【陳校】

　　注「向曰」以下，當削。

【集說】

　　梁氏《旁證》，已見上篇「南津有絶濟」條。

　　許氏《筆記》曰：注「向曰」二十一字。向注誤入，削。

【疏證】

　　尤本無「向曰」以下二十一字。謹案：毛本二十一字蓋五臣注闌入善注，陳校從尤本刪，是也。

歡舊難假合，風土豈虛親。感念桑梓域，髣髴眼中人　注：……濟曰：歡舊既殊，風土又異，不可假合虛親也。感此憶桑梓，而思見親識也。眼中人，謂親識也。

【陳校】

　　注「濟曰」以下，當削。

【集說】

梁氏《旁證》，已見上篇「南津有絕濟」條。

許氏《筆記》曰：注「濟曰」三十五字。濟注誤入，削。以上誤留五臣注共六處。知李氏原本久逸，後人於六臣本中鈔輯而成，故多舛錯也。此二詩內有「向曰」、「濟曰」等字，人得而識之，他處誤入者甚多，皆當辨而削之，庶可以還李氏之舊。

【疏證】

尤本無「濟曰」以下三十五字。謹案：毛本三十五字蓋五臣注闌入善注，陳校從尤本刪，是也。

答盧諶詩一首　劉越石

題下注：五言

【陳校】

題注「五」，「四」誤。

【集說】

梁氏《旁證》曰：毛本「四」誤作「五」。

【疏證】

奎本以下諸六臣合注本、尤本悉作「四」。謹案：但觀正文，即可知此毛本傳寫獨譌，陳校當從本書內證、尤本等正之。

劉越石

【陳校】

「劉越石」下，舊本有「王隱《晉書》曰：劉琨，字越石，中山靖王之後也。初辟太尉隴西秦王府，未就。尋為博士，未之職。永嘉中為並州刺史，與盧志親善。志子諶，琨先辟之，後為從事中郎。段匹磾領幽州牧，諶求為匹磾別駕。諶賤詩與琨，故有此答。後琨竟為匹磾所害也。」此注當補刊。

【集說】

余氏《音義》曰：何曰：「善曰：王隱《晉書》曰：劉琨字越石，……後

琨竟為〔匹磾〕所害也。」

　　胡氏《考異》曰：注「段匹磾領幽州牧，諶求為匹磾別駕」。袁本、茶陵本無「州」下「牧諶」二字，及「為」下「匹磾」二字。案：無者是也。尤誤取五臣良注衍字添耳。

　　梁氏《旁證》曰：注「王隱《晉書》」至「匹磾所害也」，此九十三字注，毛本未載。

　　姚氏《筆記》曰：何校增「王隱《晉書》曰：劉琨字越石」云云。同余氏《音義》。

　　許氏《筆記》曰：題下六臣本善注「王隱《晉書》曰劉琨」云云。今脫，當補。嘉德案：「段匹磾領幽州牧，諶求為匹磾別駕」。茶陵、袁氏六臣本作「段匹磾領幽州求為別駕」，無「牧諶匹磾」四字。胡曰：「無者是也。尤誤取良注衍字添耳」。

【疏證】

　　奎本善注云：「王隱《晉書》曰：劉琨，字越石，……段匹磾領幽州，求為別駕。諶牋詩與琨。後琨為匹磾所害也。」良注云：「《晉書》曰：劉琨，字越石，漢中山靖王之後。初為博士。永嘉中，為並州刺史，與盧志親善。志子諶，琨先辟之，後中郎。段匹磾領幽州牧諶求為匹磾別駕。諶有牋及詩與琨。故有此答。琨竟為匹磾所害也」。明州本良注同奎本。刪善注，逕省作「善同良注」。贛本、建本善注同奎本引王隱《晉書》，惟取良注「故有此答」四字、「竟為匹磾所害」之「竟」字，補入。刪良注，逕省作「良同善注」。謹案：毛本傳寫脫「王隱《晉書》曰」云云，尤本即陳校所謂「舊本」。比勘尤本與明、贛二本，可確定：尤本非直接得諸奎本，而是以贛本為基礎，兼取明州本良注「州」下之「牧諶」、「為」下之「匹磾」四字而成。此四字並非直接取諸五臣本。在尤本之前，已先有贛本從明州本取良注為補耳。前胡所說袁本、茶陵本，蓋分別出裴本、建本，由此例可判斷：在六家本系統中，裴本較明州本，忠實於奎本。首亂善注者，往往是明州本。嘉德之說，係改寫前胡《考異》。

序：當於天下共之

【陳校】

　　「於」，「與」誤。

【集說】

余氏《音義》曰：六臣「於」作「與」。

孫氏《考異》曰：潘校從六臣「於」改「與」。

許氏《筆記》曰：「於」。何改「與」，依六臣本。

【疏證】

諸《文選》本悉作「與」。謹案：《藝文類聚》卷二十六、《記纂淵海》卷五十五亦作「與」。然「於」與「與」通。《戰國策・齊策一》：「今趙之與秦也，猶齊之於魯也。」《漢書・杜欽傳》：「況將軍之於主上，主上之與將軍哉」，皆其證。毛本或亦有自，未必因音近而譌耳。許氏亦僅曰何「依六臣本」，未謂毛誤。

昔縣驥倚輈於吳坂 注：《古今地名》曰：冥零坂，在吳城之北。今謂之吳坂也。

【陳校】

注「冥零」。「冥」，「寘」誤。疑即《左氏》之「顛軨」，或古字可通用也。

【集說】

余氏《音義》曰：「冥零」。「冥」，何改「寘」。

許氏《筆記》曰：注曰「冥零坂」。《穆天子傳》作「寘軨坂」。

【疏證】

奎本以下諸六臣合注本、尤本悉作「寘」。謹案：毛本作「冥」，當形近而譌，何校當據尤本等改。《水經注釋・河水四》「南登于薄〔山〕寘軨之隥」亦引「竹書《穆天子傳》曰：『天子自寘軨乃次于湲水之陽』」云。許說同。並為陳說之佐證。《春秋左氏傳注疏・僖公二年》「入自顛軨」。四庫館臣考證曰：「《後漢・郡國志》：河東郡大陽……有顛軨坂」注引《博物記》曰：「在縣東吳城之北，今之吳坂。」《後漢書》，即陳校「顛軨」說所自。「寘」與「寘」通。《漢書・溝洫志》：「令羣臣從官自將軍以下，皆負薪寘決河」師古注：「寘，音大千反。」《史記・河渠書》作「寘」。「寘」即「填」字。《禮記・玉藻》：「盛氣顛寘揚休」鄭注：「顛，讀為闐。」孔疏：「顛，塞也。」是「寘」與「顛」，音、義並同。「軨」與「零」通，則《說文通訓定聲・坤

部》云：「軨，叚借為零。」《莊子・外物》：「已而後世軨才諷說之徒，皆驚而相告也」釋文：「軨，本或作軨。軨，小也。」並是其證。然則「寘零」即「顛軨」，陳氏「或古字可通用」說得成立矣。陳蓋得力於以史證《選》。此校，陳有出藍之勝。

適足以彰來詩之益美耳　注：毛萇《詩傳》曰：適祇，適也。

【陳校】

注「適祇」。「適」字，衍。

【集說】

胡氏《考異》曰：注「適，祇適也。」陳曰云云。是也，各本皆衍。

梁氏《旁證》曰：陳校去上「適」字，是也。

【疏證】

奎本以下諸六臣合注本、尤本悉衍。謹案：毛《傳》語見《毛詩注疏・小雅・我行其野》「亦祇以異」，字正作「祇，適也」，本書張平子《東京賦》「祇吾子之不知言也」注、同篇「祇以昭其忿尤」注、《思玄賦》「俟河之清祇懷憂」舊注、嵇叔夜《幽憤詩》「祇攪予情」注並同。毛本當誤從尤本等，陳校當據《毛詩》、本書內證等正之。附識：祇，適也。凡此訓，唐人多从衣从氏，作「祇」。宋以後俗作「祇」，非古也。至各體从「氐」，則尤繆。見段注《說文・示部》「祇」。惟尤本作「祇」，諸六臣合注本皆誤作「祇」。

禍因莫驗　注：《尚書》曰：天道福善禍淫。

【陳校】

「因」，「淫」誤。

【集說】

余氏《音義》曰：六臣「因」作「淫」。

孫氏《考異》曰：「因」。當依六臣作「淫」。

許氏《筆記》曰：「禍因」。何依注改「禍淫」。嘉德案：六臣本作「淫」。

【疏證】

諸《文選》本悉作「禍淫」。謹案：語見《尚書注疏・商書・湯誥》，正作「淫」，《白孔六帖・禍福》、《冊府元龜》卷一百四、《古今事文類聚》別集卷

三十引同。本書劉孝標《辯命論》「福善禍淫，徒虛言耳」注引同。此毛本獨因音近致譌，陳、何校當據善注、《尚書》、本書內證及尤本等正焉。

威之不建　注：威之不建，謂聰所敗。

【陳校】

注「謂聰所敗。」「聰」上，脫「為」字。

【疏證】

奎本以下諸六臣合注本、尤本悉有「為」字。謹案：此毛本獨傳寫涉上「謂」字而脫，陳校當據上下文義、尤本等補之。

孝愆于家　注：杜預《左氏傳》曰：愆，失也。

【陳校】

注「《左氏傳》」。「傳」下，脫「注」字。

【集說】

胡氏《考異》曰：注「杜預《左氏傳》曰」。陳曰云云。是也，各本皆脫。

梁氏《旁證》曰：陳校「傳」下，添「注」字。

【謹案】

奎本、明州本、尤本、建本悉脫「注」字。贛本不脫。謹案：語見《春秋左傳注疏·昭公二十六年》「用愆厥位」杜注。本書木玄虛《海賦》「虛誓愆祈」注、顏延年《秋胡詩》「百行譽諸已」注引並有「注」字。毛本當誤從尤本等，陳校當從《左傳》、本書內證、贛本等補。

裹糧攜弱

【陳校】

五臣本此上有「不慮其敗，惟義是敦」二句。

【集說】

余氏《音義》曰：「新婚」。六臣下有「不慮其敗，惟義是敦」二句，注曰：「善無」。

胡氏《考異》曰：「裹糧攜弱」。袁本、茶陵本此上有「不慮其敗，唯義是

敦」八字，云「善無此二句」。案：各本所見皆非也。詳詩每章十二句，傳寫共脫三處，非善自無。下二處皆經尤校改正之，惟此仍其舊，為失於檢照也。又疑善尚有注，為並脫一節，今注莫可考。

梁氏《旁證》曰：按每章皆十二句有者是也，此傳寫偶脫耳。

姚氏《筆記》曰：何云：五臣本上有「不慮其敗，唯義是敦」二句。

許氏《筆記》曰：「新婚」下脫「不慮其敗，唯義是敦」二句。此詩全首皆六韻一轉，六臣本云「善無此二句」，是誣善也。嘉德案：下「虛滿伊何，蘭桂移植」，又「光光叚生，出幽遷喬」，同此。三處六臣本皆云「善無此二句。」下二處，善皆有注，豈得云無？此下亦必有注。今並脫之，不可考矣。胡云「下二處尤補之，此獨未補，失檢照也。」

黃氏《平點》曰：「裹糧攜弱」句上別本有「不慮其敗，唯義是敦」八字，當補。

【疏證】

五臣正德本、陳本有此二句。奎本以下諸六臣合注本有此二句，校云：「善本無此二句。」

謹案：此尤本失於檢照，毛本當誤從尤本。陳、何校，前胡說是。梁、黃、嘉德三家皆宗前胡說耳。

已隕我門。二族偕覆 注：王隱《晉書》曰：……琨來救猗盧。未至太原太原高嶠反應聰逐琨。

【陳校】

注「來救猗盧」。「來」，「求」誤。「太原太原」。下「原」字當作「守」。

【集說】

余氏《音義》曰：「來救」。「來」，何改「求」。「原太原」。下「原」字，改「守」。

【疏證】

奎本、尤本作「求」、作「守」。明州本、贛本、建本誤「來」、作「守」。謹案：毛本「來」字當誤從建本等，「守」字獨傳寫涉上而譌。陳、何校當據尤本正之。明州本首因形近誤作「來」。

長勦舊孤　注：王隱《晉書》曰：琨遣兄子演領兖州。石勒圍於三臺，突圍，得免。後演治稟丘，遂不守。

【陳校】

注「石勒圍於三臺」。「圍」下，脫「演」字。又「演治稟丘」。「稟」，「稟」誤。

【集說】

余氏《音義》曰：「勒圍」下，何增「演」字。

【疏證】

奎本以下諸六臣合注本、尤本悉有「演」字。奎本作「稟」，明州本、贛本、尤本、建本作「稟」。謹案：「演」字，毛本傳寫獨脫，陳、何校當從尤本等增。按上下文意，亦當有「演」字。檢《晉書·孝懷帝紀》：「四年春，三月，代王猗盧薨，其眾歸于劉琨。夏四月丁丑，劉曜寇上郡……涼州刺史張寔遣步騎五千來赴京都。石勒陷稟丘，北中郎將劉演出奔。」正作「稟」，此當陳校所據者。然稟（即稟），《集韻·寢韻》云：「稟，《說文》：穀，所振入。从入，回象。……或作稟、稟」。《管子·輕重甲》：「請使州有一稟，裹有積五嗇」，郭沫若等《集校》引王引之曰：「稟，古稟字也。」《晏子春秋·諫上五》：「命稟巡氓」吳則虞《集釋》引俞樾曰：「稟乃官名，即《周官》稟人也，稟、稟，古字通耳。」又非五臣與善有歧出，然則，陳校不改亦得。

旍弓騂騂　注：《孟子》曰：夫招大夫以旌。

【陳校】

注「夫招大夫以旌」。〔上〕「夫」字，衍。

【集說】

胡氏《考異》曰：注「夫招大夫以旌。」陳曰云云。是也，各本皆衍。
梁氏《旁證》曰：陳校去上「夫」字。各本皆衍。

【疏證】

奎本、明州本、尤本、建本衍同。贛本獨無「夫」字。謹案：語見《孟子注疏·萬章》，正上無「夫」字，《太平御覽》卷三百四十、《古今事文類聚》

前集卷二十九、《記纂淵海》卷三十六引並同。毛本當誤從尤本等，陳校當從《孟子》、贛本等正之。

重贈盧諶一首　　劉越石

白登幸曲逆，鴻門賴留侯　　注：留侯，已見謝惠連《張子房》詩。

【陳校】

注「謝惠連」。「惠連」，當作「宣遠」。

【集說】

胡氏《考異》曰：注「已見謝惠連《張子房》詩。」何校「惠連」改「宣遠」，是也。袁本亦誤「惠連」。茶陵本所複出，更非。

梁氏《旁證》曰：何校「惠連」改「宣遠」。是也。

【疏證】

奎本、尤本誤同。明州本作「善同翰注」，贛本、建本複出。謹案：《張子房》詩，謝瞻所作，載在本書。毛本當誤從尤本等，陳、何校當依本書內證正之。

贈劉琨一首　　盧子諒

序：在木闕不材之資　　注：《莊子》曰於山中見大木。

【陳校】

注「《莊子》曰」。「曰」，「行」誤。

【集說】

余氏《音義》曰：「曰於山」。「（於）〔曰〕」，何改「行」字。

【疏證】

奎本以下諸六臣合注本、尤本悉作「行」。謹案：語見《莊子·山木》，字正作「行」，《太平御覽》卷九百十七、卷九百五十二並同。毛本傳寫獨誤，陳、何校蓋據《莊子》、尤本等正之。

處雁之善鳴之分

【陳校】

「處雁之善鳴」。「之」,「乏」誤。

【疏證】

奎本以下諸六臣合注本、尤本悉作「乏」。謹案:《記纂淵海》卷六十九同。本條與上句「在木闕不材之資」相對,「乏」字方與上「闕」對偶。此毛本獨涉下「之」字而誤,陳校當從上下文義、尤本等正之。

候人之譏以彰　　注:《詩》曰:彼候人兮荷戈與役。

【陳校】

注「荷戈與役」。「荷」,「何」誤。「役」,「祋」誤。

【集說】

顧按:「荷」,即「何」字。

【疏證】

奎本以下諸六臣合注本、尤本悉作「何」、「祋」。謹案:語見《毛詩注疏·曹風·候人》,正作「何」、「祋」。《疏》引正義「荷揭戈與祋」云云作「荷」。《釋文》:「荷戈,本又作何。」《太平御覽》卷三百五十一引《詩》:「荷戈與祋。」毛萇曰:「荷,揭也。祋,殳也。」正文、毛《傳》並作「荷」,然則,作「荷」字不誤。顧按是也。《說文·人部》:「何,擔也。」段注:「何,俗作荷。」五臣向注作「荷」,然此毛本好古取《詩》異文,非為從五臣耳,蓋與正文無涉也。「役」與「祋」,毛本獨形近而譌。陳校當從《毛詩》尤本等正之。

大雅含弘　　注:班固《漢書贊》曰:大雅卓爾不羣,河問獻王近之矣。

【陳校】

注「河問」。「問」,「間」誤。

【疏證】

奎本以下諸六臣合注本、尤本作「間」。謹案:語見《漢書·景十三王傳》班贊,正作「間」,《漢紀·孝武》、《文章正宗》卷十四同。本書阮元瑜《為曹

公作書與孫權》「大雅之人不肯為此也」注、陳孔璋《檄吳將校部曲》「是以大雅君子」注引並同。河間獻王，屢見本書，陳校無待披《漢書》、尤本等，信手可正之。毛本手民獨傳刻形近而譌耳。

夷險已之　注：杜預《左氏傳注》曰：已，猶決竟也。

【陳校】

注引《左氏傳注》：「已，猶決竟也。」按：「已」、「以」，古字通用。「夷險已之」當與「死生以之」同義，注誤引。

【疏證】

奎本以下諸六臣合注本、尤本悉同。謹案：善引見《左傳·昭公十三年》「（子產）聞子皮卒。哭，且曰：『吾已。無為為善矣。』杜注：「已，猶決竟。」「死生以之」，語見《昭公四年》「子產曰：何害？苟利社稷，死生以之」杜注：「以，用也」。此亦陳論善注引文之不當，然陳校似未然。審本條所涉「已」、「以」、「用」三字，皆一聲之轉，其義取「止」或「因」義，善注引「猶決竟」，並不誤。

慰其達離之意

【陳校】

「達」，「違」誤。

【疏證】

諸《文選》本咸作「違」。謹案：「達離」，不辭。「違離」，違，即離也。屢見本書善注援引，如：謝宣遠《張子房詩》「眷夫違盛觀」注引「毛萇《詩傳》曰：違，離也。」曹子建《贈白馬王彪》「天命與我違」注引同。不贅。此亦毛本手工偶疏，陳校當從本書內證、尤本等正之。

三台摛朗　注：《漢書》曰：北斗魁下大星，兩兩而北。曰三能也。

【陳校】

注「北斗魁下大星。」「大」，「六」誤。「兩兩而北。」「北」，「比」誤。

【集說】

余氏《音義》曰：「大星」。「大」，何改「六」字、「而北」，「北」改「比」。

【疏證】

奎本以下諸六臣合注本、尤本悉作「六」、「比」。謹案：語見《漢書·天文志六》，字正作「六」、「比」，《史記·天官書》同。《太平御覽》卷五、本書謝希逸《月賦》「增華台室」注引《史記》亦作「魁下六星，兩兩相比，名曰三能。」《北堂書鈔》卷五十引「《春秋元命苞》」亦同。毛本傳寫獨因形近而譌，陳、何校蓋據《漢書》、本書內證、尤本等正之。

王室喪師　注：喪師，謂劉聰所敗也。

【陳校】

注「謂劉聰所敗」。「謂」下，脫「為」字。

【疏證】

奎本以下諸六臣合注本、尤本「謂」下，悉有「為」字。謹案：此毛本獨脫，蓋涉上「謂」字而脫耳。陳校當從尤本等補之。

承佇卞和　注：《韓子》曰：楚子和氏得璞玉於楚山之中。

【陳校】

注「楚子和氏」。「子」，「卞」誤。

【集說】

胡氏《考異》曰：注「楚子和氏」。案：「子」，當作「人」。各本皆誤。
梁氏《旁證》曰：胡公《考異》曰云云。

【疏證】

明州本、尤本、建本同。奎本、贛本作「卞」。謹案：語見《韓非子·和氏》正作「人」，《太平御覽》卷六百四十八錄《韓子》同。本書曹子建《贈徐幹》「和氏有其愆」注、棗道彥《雜詩》「予非荊山璞」注、曹子建《七啟（鏡機子曰步光）》「錯以荊山之玉」注、鄒陽《獄中上書自明》「昔玉人獻寶」注、班孟堅《答賓戲》「賓又不聞和氏之璧」注引亦同。而又有顏延年《北使洛》「秣馬陵楚山」注「和」上則無「人」、「卞」字。此條可推見，本條原本同顏詩注「和」上亦脫一字，「卞」字乃淺人妄補。且從《韓子》文理而言，既以「和氏」為篇名，則文固當避「卞」字，為合情理。何況善注凡七引《韓子》，五處作「人」，足證前胡之說確為有據矣。毛本當誤從尤本等，陳校亦非。

身經險阻　注：言己五臣同也。

【陳校】

　　注「言己五臣同也。」「己」下，脫「與」字。

【疏證】

　　奎本以下諸六臣合注本、尤本悉有「與」字。謹案：毛本獨脫，陳校當從尤本等正之。

使是節士　注：《鄭子》曰：世高節士

【陳校】

　　注「鄭子曰」。「鄭」，「慎」誤。

【集說】

　　余氏《音義》曰：「鄭子」。「鄭」，何改「慎」。

　　汪氏《權輿》曰：「鄭子注」。志祖案：盧子諒《贈劉琨詩》注引，何校改「慎子」。見《注引群書目錄》。

　　梁氏《旁證》曰：注「慎子曰」。毛本「慎」誤作「鄭」。

【疏證】

　　奎本以下六臣合注本、尤本悉作「《慎子》」。謹案：《慎子》，見《隋書·經籍志三》：「《慎子》十卷」注：「戰國時，處士慎到撰。」此吳方言「鄭」、「慎」音近而譌。陳、何當從尤本等正之。

窮達斯已　注：《呂氏春秋》曰：古之得道者，窮亦樂，達志也。道德於此，則窮達一也。

【陳校】

　　注「達志也」。「志也」，當作「亦樂」。見《幽通賦》注。又「道德於此。」「德」，「得」誤。

【集說】

　　胡氏《考異》曰：注「達志也」。陳曰云云。是也，各本皆誤。又曰：何校「德」改「得」，陳同。是也。茶陵本作「得」。袁本亦誤「德」。

　　梁氏《旁證》曰：何校「德」改「得」，陳同。亦是也。

【疏證】

奎本以下諸六臣合注本、尤本悉誤「志也」。奎本、尤本又誤「德」。明州本、贛本、建本作「得」。謹案：語見《呂氏春秋‧孝行覽》，云：「古之得道者，窮亦樂，達亦樂。所樂非窮達也，道得於此，則窮達一也。」本書班孟堅《幽通賦》「窮與達其必濟」注、李蕭遠《運命論》「是以聖人處窮達如一也」注引並同《呂覽》，且亦有「所樂非窮達也」一句，諸本皆脫。毛本當誤從尤本，陳、何校當據《呂覽》、本書內證等正之，然「所樂非窮達也」一句，亦漏補。

相彼反哺　注：《毛詩》曰：相彼鳥矣……《小雅》曰：純黑而反哺者，謂之烏矣。

【陳校】

「浦」，「哺」誤。又注「《小雅》」。「小」下，脫「爾」字。

【疏證】

奎本以下諸六臣合注本、尤本悉作「哺」。諸本惟贛本注誤「《爾雅》」，其餘則脫「爾」字。謹案：「浦」、「哺」，吳語音同，此毛本獨誤。陳校當從尤本及注正之。「純黑而反哺者」云云，見《孔叢子‧小爾雅‧廣烏九》，陳校當據此及善注內證以正毛本耳。

孰是人斯　注：《晉語》：國人誦共世子曰：是人斯而有自梟也。

【陳校】

注「是人斯而有自梟也。」「自」，「是」誤。

【集說】

余氏《音義》曰：「是人斯」上，何增「孰」字、「自梟」，「自」改「斯」。

【疏證】

奎本以下諸六臣合注本、尤本悉同。謹案：語見《國語‧晉語三》，正作「是」字。毛本誤「自」，蓋「自」、「斯」、「是」，吳語音近耳。「梟」，「臭」之俗字。《通志‧卜偃傳》、《冊府元龜》卷八百九十四並有「孰」字、俱作「臭」。本書《東京賦》：「鮑肆不知其梟」，善注：「梟，一作臭。」本條「自梟」處，尤本有刓痕，蓋從明州本、贛本改爾。陳、何校當據《國語》正之。

不見得魚，亦忘厥餌　注：《莊子》曰：筌者，所以得魚也，得魚而忘筌；言者，所以莊意，得意而忘言。

【陳校】

注「所以得魚」、「所以莊意」。「得」、「莊」，俱「在」誤。

【疏證】

奎本以下諸六臣合注本、尤本悉作「得」、「在」。謹案：《藝文類聚》卷十九、《太平御覽》卷三百九十「以莊」，並作「以在」。本書左太沖《吳都賦》「筌鮞鰽鱺」注、嵇叔夜《贈秀才入軍（息徒）》「得魚忘筌」注、《王簡栖頭陀寺碑文》「然爻繫所筌」注引，咸作「以得」、「以在」。然審上下文義，上奎、尤諸本「以得」字，亦當作「以在」，蓋涉下文「得」字而誤；況語見《莊子·外物》，兩字正並作「在」。《太平御覽》卷八百三十四、卷九百三十五引「以得」並作「以在」，不誤。「以得」字，毛本當誤從尤本等，陳校當從《莊子》正之。

遺其形骸　注：《莊子》曰：吾與夫子遊十有九年夫而未曾知吾兀者也。

【陳校】

注「十有九年夫」。「夫」，「矣」誤。

【集說】

余氏《音義》曰：「年夫」。「夫」，何改「矣」。

【疏證】

奎本以下諸六臣合注本、尤本悉作「矣」。謹案：語見《莊子·德充符》，正作「矣」字，本書何敬祖《贈張華》「奚用遺形骸」注引同。此毛本因「夫」、「矣」形近而譌，陳、何校蓋從《莊子》、本書內證、尤本等正之。

潛山隱几　注：《莊子》曰：南郭子綦隱几而坐，答焉以喪其耦也。

【陳校】

注「答焉以喪其耦。」「答」，「嗒」誤、「以」，「似」誤。

【集說】

余氏《音義》曰：「答焉以」。「答」，何改「嗒」；「以」改「似」。

【疏證】

建本同。奎本、明州本、尤本作「嗒焉似」。贛本作「嗒然似」。謹案：《藝文類聚》卷六十九、《太平御覽》卷七百十、卷八百七十一、《古今事文類聚》續集卷二十八引《莊子》悉作「嗒焉似」。《釋文》作「荅焉似」。音義：「本又作嗒，同。解體貌。」本書孔德璋《北山移文》「誚隱南郭」注引作「嗒然似」。「嗒」與「荅」同，「答」亦與「荅」同。《玉篇・艸部》：「荅，當也。」《五經文字》卷中：「此荅，本小豆之一名。對荅之荅本作畣。經典及人間行此荅已久，故不可改變。」《左傳・宣公二年》「既合而來奔」杜預注：「合，猶荅也。」即其證。《廣韻・合韻》：「答，當也。亦作荅。」然則，「以」，陳、何改「似」，是；「答」字，陳、何不必改也。

肝膽楚越　注：《莊子》：仲尼謂常季曰：自其異者視人肝膽楚越也。

【陳校】

注「自其異者視人」。「人」，「之」誤。

【疏證】

奎本以下諸六臣合注本、尤本悉作「之」。謹案：語見《莊子・德充符》，正作「之」。《淮南・俶真訓》、《藝文類聚》卷三十七引「阮籍《達莊論》」亦作「之」。本書曹子建《求通親親表》「殊於胡越」注、趙景真《與嵇茂齊書》「身雖胡越」注，引「《淮南子》」，亦作「之」字。此毛本獨譌，陳校當從本書內證、尤本等正之。

句踐作伯，祚自會稽　注：《史記》又曰：夫差以甲兵五千人，棲於會稽也。

【陳校】

注「夫差以甲兵」。「夫差」，當作「勾踐」。

【集說】

余氏《音義》曰：「夫（崔）[差]」。何改「勾踐」。

胡氏《考異》曰：注「夫差以甲兵五千人。」何校「夫差」改「勾踐」。陳同。是也，袁本亦誤。茶陵本脫此注。

梁氏《旁證》曰：何校「夫差」改「勾踐」。陳同，是也。

許氏《筆記》曰：「夫差」。何改「句踐」。嘉德案：各本皆誤「夫差」，茶陵本並脫此注。

【疏證】

奎本、尤本同。明州本、贛本、建本無此注，是茶陵本所出。謹案：事見《史記・吳太伯世家》作：「越王乃以餘兵五千人保棲於會稽」，正為「勾踐」事。《通志・吳世家》作「越王句踐」。本書賈誼《鵬鳥賦》「越棲會稽兮」注作「越王」，陳孔璋《檄吳將校部曲》「昔夫差承闔閭之遠跡，用申胥之訓兵，棲越會稽，可為強矣」注引作「越王句踐」。陳《檄》「棲越會稽」本用使動句法，豈尤本之前，人有誤會陳《檄》而繆為「夫差」者歟？毛本當誤從尤本、袁本等，陳、何校當據《史記》、本書內證等正之。當然，陳、何但觀正文便可知是「勾踐」之誤。

贈崔溫一首　　盧子諒

徒煩飛子御　注：《史記》曰：非子居大丘。……周孝王召，使主馬于汧渭之間大蕃息。

【陳校】

注「非子居大丘。」「大」，「犬」誤。又「汧渭之間大蕃息。」「大」上脫「馬」字。

【疏證】

贛本、建本誤、脫並同。奎本、明州本、尤本誤「大」、有「馬」字。謹案：事見《史記・秦本紀》，正作「犬」、有「馬」字。《冊府元龜》卷二百三十七並同。毛本之誤、脫悉同建本，陳校當從《史記》、尤本等正之。

何暇牧民譽　注：《左氏傳》又曰：晉悼公即位，公宮之長皆民譽也。

【陳校】

「牧」，「收」誤。又注「公宮之長」。「公宮」，當作「六官」。

【集說】

孫氏《考異》曰：「何暇收民譽。」「收」誤「牧」。

胡氏《考異》曰：注「公宮之長」。何校「公宮」改「六官」。陳同。是

也，各本皆誤。

梁氏《旁證》同胡氏《考異》。

姚氏《筆記》曰：「牧」，何改「收」。

許氏《筆記》曰：「牧民」，何改「牧」為「收」。從何校。

【疏證】

諸《文選》本悉作「收」。奎本以下諸六臣合注本、尤本注並誤「公宮」。謹案：注語見《春秋左傳注疏・成公十八年》，字正作「六官」，《北堂書鈔》卷十一、《冊府元龜》卷二百三十九引、《玉海卷》一百三十一，並同。「牧」字，毛本因與「收」形近而譌，陳、何校當從尤本等正之。「公宮」，本書任彥昇《王文憲集序》「思我民譽」注、劉孝標《廣絕交論》「夙昭民譽」注引並作「六官」，毛本當誤從尤本等，陳校當從《左傳》、本書內證等正之。

何武不赫赫　注：《漢書》曰：自武為大司空。

【陳校】

注「自武」。「自」，「何」誤。

【集說】

余氏《音義》曰：「自武」。「自」，何改「何」。

【疏證】

奎本、尤本作「何」。明州本作：濟曰：「何武」云云，逕刪奎本善注，省作「善同濟注」。贛本、建本宗明州本，惟以「善同濟注」居「濟曰」上而已。謹案：語見《漢書・何武傳》本作「武更為大司空……其所居亦無赫赫名」云，李善節攝其文，冠「何」字，其於行文理當如此也。《北堂書鈔》卷七十二「位下大夫」注引同。《漢紀・孝成》作「何武更為」。此毛本因「何」、「自」形近致誤，陳校當從尤本、《漢書》等正之。

答魏子悌一首　盧子諒

顧此腹背羽　注：《韓詩外傳》曰：晉公遊於河而嘆曰。

【陳校】

注「公曰」。「公」上脫「平」字。

【疏證】

奎本以下諸六臣合注本、尤本悉有「平」字。謹案：事見《韓詩外傳》卷六，正作「晉平公」。本書顏延年《陶徵士誄》「故無足而至者」注引同。此毛本偶奪，陳校當從《韓詩外傳》、本書內證、尤本等正之。

俱涉晉昌艱　注：王隱《晉書》曰：惠帝以燉煌土界濶遠，分立晉昌郡。又曰：晉昌護匈奴中郎將別領戶。然時段匹磾為此職，諶在磾所，難斥言之，故曰晉昌也。

【陳校】

注按：「晉昌」，斷屬「晉陽」傳寫誤耳。

【集說】

《讀書記》按：「晉昌艱」，即指越石晉陽之敗，越石父母為令狐泥所害，諶父母兄弟亦為劉聰所害。「陽」與「昌」音相近，傳寫誤也。晉雖設晉昌護匈奴中郎將，考匹磾生平未為此職，安得而附會之？況晉昌乃敦煌所分，遠在隴右，而匹磾方為幽州刺史，猶如風馬牛之不相及也。

葉刻：何曰：「俱涉晉昌艱」。即指越石晉陽之敗⋯⋯。」又曰：「《晉・地理志》：惠帝改新興郡為晉昌，統九原、定襄、雲中、廣牧、晉昌為五縣，在并州所統一國五郡之中。不必改太原國之晉陽縣。注以為燉煌之晉昌，則大誤耳。」

余氏《音義》曰：「晉昌」。何曰：「即指越石晉陽之敗。」又曰：「《晉・地理志》：惠帝改新興郡為晉昌⋯⋯在并州所統一國五郡之中。」

孫氏《考異》曰：何云：「昌」字乃「陽」字之誤。即指越石晉陽之敗，⋯⋯不相及也。

梁氏《旁證》曰：何曰：「越石晉陽之敗，父母為令狐泥所害。諶父母兄弟亦為劉聰所害。」又曰：「《晉書・地理志》：惠帝改新興郡為晉昌⋯⋯在并州所統一國五郡之中。注以為燉煌之晉昌，恐誤。」

姚氏《筆記》曰：何云：「《晉書・地理志》：惠帝改新興郡為晉昌⋯⋯注以為敦煌之晉昌，則大誤耳。」又云：「尋越石本《傳》，晉昌乃晉陽之誤無疑。」後說以廣晉昌二字異聞可耳。樹按：此二條何自記，前注：「壬申」，後注：「戊寅」，乃證前二條之說。今《讀書記》不載此二條，此傳校本又無前二條，必合四條閱之，其說乃備。此即文獻所寄，校書可草草乎？

許氏《筆記》曰：何云：「當作晉陽。此即指越石晉陽之敗……不相及也。」
嘉德案：何說見《讀書記》。辯論精確，而各本皆作「晉昌」，未有校正之者。
李氏亦就「晉昌」誤字，而云「段匹磾為此職」，失之。

黃氏《平點》曰：何焯說：「晉昌是新興改名，在並州一國五郡之中。一
說昌乃陽之誤。」案：後說是。

【疏證】

諸《文選》本誤，悉同。謹案：陳校未述根據，何校乃據《晉書》劉本
傳，是。諸家迻錄本條，以姚氏《筆記》最詳，以黃氏《平點》說最簡捷扼
要。

若更飛狐戹

【陳校】

「若」，「共」誤。

【集說】

孫氏《考異》曰：「共」，誤「若」。
許氏《筆記》曰：「若」，何改「共」。

【疏證】

諸《文選》本悉作「共」。（五臣正德本作「共飛狐戹更」）謹案：本書江
文通《雜體詩‧盧中郎諶感交》詩「逢厄既已同」注引此詩正作「共」。又，
「共」與上「俱」字相對為文，毛本形近而譌爾，陳、何校當據上下文義、本
書內證、尤本等正之。

悲欣使情惕　　注：毛萇《詩傳》曰：惕惕，猶切切也。

【陳校】

注「猶切切」。「切切」，當作「忉忉」。

【集說】

胡氏《考異》曰：注「惕惕，猶切切也。」陳曰云云。是也，所引《防有
鵲巢》二章《傳》文。各本皆誤。

梁氏《旁證》同胡氏《考異》。

【疏證】

奎本以下諸六臣合注本、尤本悉誤「切切」。謹案：語見《毛詩注疏·陳風·防有鵲巢》，正作「刌刌」。毛本當誤從尤本等，陳校當從《毛詩》正之。

清義貫幽賾　注：《小雅》曰：賾，深也。

【陳校】

注「《小雅》」。「小」下脫「爾」字。

【疏證】

奎本以下諸六臣合注本、尤本脫悉同。謹案：凡李注「《小爾雅》」，並作「小雅」。參上《西都賦》「度宏規而大起」等條。毛本當誤從尤本等，陳校當從善注例正之。《後漢書·方術列傳》「皆所以探抽冥賾」章懷注「按《爾雅》曰：賾，深也」，作「爾雅」。今按《爾雅注疏》無收「賾」字注，章懷注當傳寫脫「小」字，然可為陳校之佐證。

以酬荊文璧　注：傅玄《豫章行》也琅玕溢金匱，文璧世所無。

【陳校】

注「《豫章行》也」。「也」，「曰」誤。

【疏證】

奎本以下諸六臣合注本、尤本悉作「曰」。謹案：按上下文義，亦當作「曰」。此毛本獨因形近而誤，陳校當從尤本等正之。

答靈運一首　謝宣遠

殷憂暫為輕　注：《毛詩》：耿耿不寐，如有殷憂。

【陳校】

注「《毛詩》如有殷憂。」按：「毛」，當作「韓」。見前《歎逝賦》注。《毛詩》自作「隱憂」，與此不符。

【集說】

顧按：又見阮籍《詠懷詩》注。

【疏證】

明州本、贛本、建本同。奎本、尤本作「韓」。謹案：李善注《選》，咸有體例，或已疏明於注文，更多則未必挑明。余玩其引《詩·邶風·柏舟》此二句，亦自有規範：凡釋「殷憂」，必援《韓詩》作「殷」，如本書陸士衡《歎逝賦》「在殷憂而弗違」注、阮嗣宗《詠懷詩十七首（登高）》「感物懷殷憂」注、劉越石《勸進表》「或殷憂以啟聖明」注、嵇叔夜《養生論》「內懷殷憂」注所引《詩》皆「《韓詩》」；凡釋「不寐」，皆引《毛詩》為「隱」，則如：潘安仁《秋興賦》「宵耿介而不寐兮」注、《樂府古辭·傷歌行》「憂人不能寐」注作「隱憂」，所引皆「毛詩」。犁然分明，歷試不爽。以此衡量本條，既釋「殷憂」，則所引必《韓詩》，奎本、尤本不誤。明州本首改「毛」，贛、建二本陳陳相因，毛本踵之，誤矣。

於安城答靈運一首　謝宣遠

題：安城

【陳校】

「於安城」。「城」，「成」誤。

【集說】

胡氏《考異》曰：何校「城」改「成」，注同。陳云：「城，成誤。」是也，各本皆譌。

梁氏《旁證》曰：何校「城」改「成」，注同。各本皆誤。

姚氏《筆記》曰：按題及注「城」皆當滅「土」旁。按《吳志·孫皓傳》：「寶鼎二年，分豫章、盧陵、長沙為安成郡」，亦見《宋書·州郡志》。《宋書·瞻本傳》云：「為安成相。」

許氏《筆記》曰：何改「安成」，云：「《宋書》譌。」嘉德案：《宋書·州郡志》：「安城太守」屬江州，然《漢志》「長沙國安成縣」，《晉志》「荊州安成郡」，即是其地，皆作「安成」。今此及《宋書》作「城」並誤。陳校亦云：「城，成誤」。

【疏證】

諸《文選》本悉誤。謹案：毛本當誤從尤本等，陳、何校當據《漢書》、

《晉書·地志》等正之。姚氏《筆記》引《吳志·孫皓傳》作「成」，不誤，然下云「亦見《宋書·州郡志》」，則似非，蓋《宋書·州郡志》如嘉德引正誤「城」，豈姚所見《宋書》版本有歧歟？

波清源愈濬 注：阮德猷《答棗道彥詩》曰：體直響正，源流深清。

【陳校】

注「源流深清。」「流深」，二字當乙。

【疏證】

奎本以下諸六臣合注本、尤本悉作「深流」。謹案：但按上句，亦以作「深流」為是。此毛本獨倒，陳校當從尤本等正之。

方年一日長 注：孔安國《論語》曰：子路曾皙冉有公西華侍坐。子曰：以吾一日長乎爾。

【陳校】

注「孔安國」三字，衍。

【集說】

顧按：此別異他家耳。

梁氏《旁證》同陳校。

姚氏《筆記》曰：「方年一日長」注。滅「孔安國」三字。

【疏證】

奎本、明州本、尤本有此三字。贛本、建本無。謹案：此毛本宗祖尤本，陳校則從贛本爾。尤本蓋從明州本，同奎本，然則，「孔安國」三字必有所出，決非衍文。考本書善注引孔安國《論語注》，凡涉二十二卷、二十六處（引述過繁，此從略），中二十五處皆有「注」字，惟本條不見，蓋偶奪耳。然奪字非僅一「注」字。何以見得？蓋所引惟見正文「子路」至「乎爾」二十二字，未有孔注。而觀所注對象「方年一日長」中，值得施注者，惟「方」一字。而善引孔注習慣，通常注單字，而非釋句意，故有此兩點依據，當從釋「方」字入手，索求真相。善引孔注二十六處中，涉及釋「方」者，有如下數處：郭景純《遊仙詩（雜縣）》「千歲方嬰孩」注：「孔安國《論語注》曰：方，比方也」；顏延年《和謝監靈運》「寡立非擇方」注：「孔安國《論語注》曰：方，

道也。謂常道也」；枚叔《七發》「客曰將為太子奏方術之士有資略者」注：「孔安國《論語注》曰：方，道也」；班孟堅《答賓戲》「且吾聞之一陰一陽，天地之方」注：「孔安國《論語注》曰：方，猶常也。」比較上述四條，以孔釋郭詩「方，比方也」最切合本條。一是「比方」即「比」。有《廣韻》、段注《說文》為證。《廣韻·陽韻》：「方，比也。」《說文·方部》：「方，引申為比方。」二是，與謝詩上句「比景後鮮輝」之「比」切對。由此可判定：本條「孔安國」三字當移在「乎爾」下，而「國」下，當補「注曰：方，比方也」六字。善注引《論語》蓋釋「一日長」，引孔注，乃釋「方」字。四條涉「方」注，足證本條善於「方」字必有注。顧氏「此別異他家」之說，惟及皮毛，未入膝理。

迢遞封畿外　注：《毛詩》曰：京畿千里。

【陳校】

　　注「京畿」。「京」，「邦」誤。

【集說】

　　胡氏《考異》曰：注「京畿千里。」陳曰云云。案：所校是也。正文云「封畿」，即「邦畿」耳，各本皆誤。

【疏證】

　　奎本、明州本、尤本、建本同。惟贛本獨作「邦」。謹案：《毛詩》語，見《商頌·玄鳥》篇，字正作「邦」，本書張平子《西京賦》「封畿千里」注引《毛詩》亦作「邦」。毛本當誤從尤本等，陳校當從贛本、《毛詩》等正之。前胡曰「正文云封畿，即邦畿」，此言甚是，然未見其申述理由。謹案：「封」，蓋漢「邦」之諱代字。《論語·季氏》：「且在邦域之中矣。」陸氏《釋文》：「邦，或作封。」唐人寫本多見諱「邦」作「邽」字。《俄藏敦煌寫本Φ242文選·韋孟諷諫詩》「邦」字凡五見，四作「邽」：韋孟《諷諫詩》「總齊群邦」、「實絕我邦」、「我邦既絕」、「邦事是廢」；一作「拜」，見謝靈運《述祖德詩》「萬拜咸震撼」。上海古籍出版社1993年版，第338~342頁蓋取其與「邦」字形近耳。參拙著《避諱學》，臺灣學生書局，2006年版。又，北魏太祖名珪，諱嫌名「邦」作「封」，故《魏書·地形志下》「上邽」、唐《元和郡縣志》卷二華州「下邽」，皆作「封」。並是余說之佐證也。

跬行安步武　注：《漢書》公孫攬曰……如淳曰：跬以一足行為。跬，空藥切。

【陳校】

注「以一足行為」。「為」字，衍。

【集說】

胡氏《考異》曰：注「跬以一足行為」。袁本、茶陵本無「為」字。是也。

梁氏《旁證》曰：六臣本無「為」字，是也。

【疏證】

尤本衍同。奎本、明州本、贛本、建本無。謹案：《漢書》，見《鄒陽傳》「跬步獨進」注。未見如注，有宋祁曰：「跬步獨進，一作行。義直可行。」可為如注「一足行」佐證。此毛本誤從尤本衍，陳校當從贛本等正之。

寫誠酬來訊　注：曹植《與吳漢書》曰：

【陳校】

注「吳漢書」。「吳」下，脫「季」字、「漢」，「重」誤。

【集說】

汪氏《權輿》曰：「曹植《與吳漢書》」。「志祖案：謝宣遠《答靈運詩》注，何校改吳質」。見《注引群書目錄》。

胡氏《考異》曰：「植《與吳重書》曰」。陳云「吳下脫季字。」案：非也。「重」，即季重。例見前。

【疏證】

奎本作「吳季重」，明州本、贛本、尤本、建本作「吳重」。謹案：《海錄碎事》卷九上、《曹子建集》並同奎本。曹《書》見本書，正作「吳季重」。毛本作「漢」，傳寫譌，陳校則從本書內證改之。然前胡說是。古人詩文屢有稱名、稱字號省去一字例。《九家集注杜詩・昔游》題下注：「魏文帝《與吳重書》念昔日南皮之游」云，亦省作「重」，可為旁證。

然作「漢」固誤，何亦不必改「質」。奎本不知善此例而加「季」字，亦非。陳校之失，在未考慮善注已有省稱例，誤同奎本。何校改「質」，其失同陳。前胡引陳校略去其「漢，重誤」三字，會令讀者誤解陳校，亦欠慎重。

西陵遇風獻康樂一首　　謝惠連

今宿淅江湄　注：酈善長《水經注》曰：浦陽江水……而今上虞縣。

【陳校】

「淛」。「淅」誤，注同。又注「今上虞縣」。「今」，「經」誤。

【集說】

余氏《音義》曰：「淛」。六臣作「淛」，注同。

【疏證】

尤本作「淅」、「經」。奎本作「淅」、「經」，然「淅」下有音注「折」。明州本改作「淛」、「經」。「淛」下仍有音注「折」。贛本、建本同明州本。謹案：《水經注》，見《漸江水》，作「（浦陽）江水東逕上虞縣南」南」下有「疑衍」。逕與「經」同。「淅」、「淛」，文獻傳寫多有混淆，如《北史‧韋孝寬傳》「以功除淅陽郡守」，四庫館臣《考證》云：「淅，南本作淛」，故毛本或有所承；「今」、「經」，則毛本因吳語音同而獨譌耳，陳校當從《水經注》、贛本等正之。

浮氛晦崖巘　注：《爾淮》曰：重巘，陳也。

【陳校】

注「爾淮」。「淮」，「雅」誤。

【疏證】

奎本以下諸六臣本、尤本悉作「雅」。謹案：注語見今本《爾雅注疏‧釋山》作「重甗，隒」。本書馬季長《長笛賦》「重巘增石」注、謝靈運《晚出西射堂》「連障疊巘崿」注引並作「《爾雅》」。此毛本獨因「淮」、「雅」形近誤耳。陳校當從《爾雅》、本書內證、尤本等之。

積素盛原疇

【陳校】

「盛」，「惑」誤。

【集說】

余氏《音義》曰：「盛」。六臣作「惑」。

孫氏《考異》曰:「盛」。六臣本作「惑」。

姚氏《筆記》曰:何改「惑」。

胡氏《箋證》曰:六臣本「盛」作「惑」,校云:五臣作「或」。此傳寫誤。

許氏《筆記》曰:「盛」,何改「惑」。依六臣本,非是。嘉德案:六臣茶、袁本作「惑」,云:「五臣作或。」考向注作「惑」,訓「亂」。是五臣「惑」,又譌「或」也。一本又作「成」,皆非善注。

【疏證】

尤本作「惑」。五臣正德本、陳本正作「或」。奎本、明州本作「或」,無校語。贛本、建本作「惑」,校云:五臣作「或」。謹案:宋·孔延之《會稽掇英總集》卷十二、宋·范晞文《對床夜語》卷一引作「惑」。五臣作「或」,向注可證。善無注,不能必其作「惑」。「或」、「惑」非必善與五臣之別。「惑」,由「或」得聲,《說文·心部》:「惑,亂也。從心或聲。」《玉篇·心部》:「惑,迷也。」《漢書·衛青傳》:「青之與單于會也。而前將軍廣,右將軍食其軍別從東道,或失道。」師古曰:「或,迷也。」向注訓「亂」,義與「迷」同。然則,「或」與「惑」音同義通。參下范彥龍《傚古》「失道刑既重」條。毛本作「盛」者,固非,然似有所出,《會稽志》卷二十引亦誤作「盛」。陳校改「惑」,亦不為過。

曲汜薄亭旅　注:《韓詩外傳》:阿谷之女曰:阿谷之隊隱也。

【陳校】

注「隱也」。「隱」下,脫「曲之汜」三字。見前謝惠連《泛湖詩》注。

【集說】

胡氏《考異》曰:注「阿谷之隊隱也。」陳曰云云。是也,各本皆脫。

梁氏《旁證》同胡氏《考異》。

【疏證】

奎本以下諸六臣合注本、尤本脫同。謹案:事見《韓詩外傳》卷一,作「阿谷之隧,隱曲之汜。」本書謝惠連《泛湖歸出樓中翫月》「憩榭面曲汜」注引同(惟隊,誤「豫」),《北堂書鈔》卷一百五十九「坐置沙上」注「阿陽之隧」,下亦有「隱曲之汜」四字。「隊」,與「隧」通。《墨子·雜守》:「當隊,

令易取之也。」孫氏《間詁》：「當隊，即當隧。」《穆天子傳》卷一：「於是得絕鈃山之隥」郭璞注：「隊，謂谷中險阻道也。音遂。」毛本之脫，當誤從尤本等，陳校當從《韓詩外傳》、本書內證等正之。

無萱將如何　注：《韓詩》曰：焉得萱草……薛君曰：諼草，忘憂也。萱與諼通。

【陳校】

　　注「諼草」。「諼」，「萱」誤。

【集說】

　　顧按：《韓詩》「諼」，見《詩考》。

　　胡氏《考異》曰：注「焉得萱草。」案：「萱」，當作「諼」。觀下注可見。各本皆誤。

　　梁氏《旁證》曰：注「焉得萱草。」胡公《考異》曰：「萱，當作諼。觀下注可見。」

　　胡氏《箋證》曰：《考異》曰：「注引《韓詩》萱，當作諼。觀下注可見。」紹煐按：《贈從兄車騎詩》引《韓詩》作「諼」，亦誤同毛。《說文》「蕙，忘憂之草也。」又出「蘐，或從煖」；又出「萱，或從宣。」然則，惠連用本字，諼、諼皆「萱」之同音假借也。

【疏證】

　　本條善注兩見「萱（諼）草」。奎本、明州本、尤本同毛本，先「萱」（焉得萱草）、後「諼」（曰諼草）。贛本先「諼」、後「萱」。建本悉作「萱」。謹案：陳校與前胡（包括顧校）所校對象不同，陳校改「諼」字、前胡則改「萱」字。何者為得？上謝宣遠《答靈運》「殷憂暫為輕」條，已經證明，善引《詩》例分毛、韓，有涇渭之別。今觀善注明援薛注，則自當以二處並作「諼」為準。又檢下善復有「萱與諼通」語，正就正文作「萱」，《韓詩》作「諼」而言，故可斷言：當以前胡說為是。陳氏僅知據尤本改毛本，見不及此，非也。顧氏所謂「《詩考》」，即王應麟所撰，其載《韓詩·伯兮》「焉得諼草」云：「諼草，忘憂也。」自注：《文選》注。是王氏所見《文選》本不誤焉。

還舊園作見顏范二中書一首　謝靈運

聖靈昔回眷　注：陸機弔魏文帝《柳賦》曰。

【陳校】

注「陸機弔魏文帝」。按：「弔魏」下，有脫文，當云：「陸機《弔魏武帝文》曰：『庶聖靈之響像。』」又「文帝」上，當有「魏」字。見前謝宣遠《答靈運詩》注。

【集說】

余氏《音義》曰：「弔（魏）」下，何增「《魏武帝文》曰：庶聖靈之響像」十一字。

胡氏《考異》曰：注「陸機弔魏文帝《柳賦》曰。」何校「魏」下，添「《武帝文》曰：庶聖靈之響像魏」十一字。陳同。是也，各本皆脫。

梁氏《旁證》同胡氏《考異》。

姚氏《筆記》曰：注「陸機弔魏文帝」。何校：「弔」下脫「《魏武帝文》曰：庶聖靈之（想）［響］像」十一字。

許氏《筆記》曰：注「陸機弔」下，脫「《魏武帝文》曰：庶聖靈之響像」十一字，今補。嘉德案：何校亦增此十一字，陳校同，是。

【疏證】

奎本以下諸六臣合注本、尤本脫同。謹案：陸機《弔魏武帝文》載在本書，正有「庶聖靈之響像」云云。此注因兩處出現「魏」字而錯接，至脫文十一字。毛本當誤從尤本等，陳、何校當據本書陸機《弔武帝文》而補正十一字。是。陳校「文帝上，當有魏字」，見謝宣遠《答靈運詩》「深茲眷言情」句注。

何意衝颸激　注：沈約《宋書》曰：……靈連構扇異同。

【陳校】

注「靈連」。「連」，「運」誤。

【疏證】

奎本以下諸六臣合注本、尤本悉作「運」。謹案：《宋書》，見《謝靈運傳》，正作「靈運」字，《南史》、《通志·謝傳》同。此毛本獨譌。陳校當從《宋書》、尤本等正之。

棲巖挹飛泉　注：嵇康《絕交詩》曰：許由之巖棲。

【陳校】

　　注「《絕交詩》」。「詩」，「書」誤。

【疏證】

　　奎本以下諸六臣合注本、尤本悉作「書」。謹案：嵇康《與山巨源絕交書》載在本書，正有此語。《晉書·嵇康傳》作「康乃與濤書」云云。「詩」字，乃毛本涉上而譌，陳校當從本書內證、尤本等正之。

殊方感成貸　注：沈約《宋書》曰：上使光祿大夫范泰與靈運書敦獎之，乃出就。……夫惟道善貸且成。

【陳校】

　　注「乃出就」。「就」下脫「職」字。又「夫惟道」上，脫「《老子》曰」三字。

【集說】

　　余氏《音義》曰：「偏國」。六臣下有「《老子》曰」三字。

　　梁氏《旁證》曰：「夫惟道」。六臣本此上有「《老子》曰」三字，是也。

　　姚氏《筆記》曰：注「殊方偏國」下，脫「《老子》曰」三字。

【疏證】

　　明州本、贛本、尤本、建本脫「職」同，奎本作「徵」；上述諸本並有「《老子》曰」。謹案：事見《宋書·謝靈運傳》，字作「職」，《通志·謝傳》、《冊府元龜》卷六百二十同。「職」字，毛本當誤從尤本等脫，陳校當從《宋書》補。奎本作「徵」，當善所見本如此。「夫惟道」云云，語見《老子德經·論德》。本書謝靈運《初發石首城》「成貸遂兼茲」注、殷仲文《解尚書表》「大弘善貸」注引並有「《老子》曰」三字。毛本獨脫，陳校當從《老子》、本書內證、尤本等補。

質弱易板纏　注：板纏，猶牽引也。

【陳校】

　　「質弱易板纏。」「板」，「扳」誤。

【集說】

余氏《音義》曰：「扳」。何曰：「宋本作版」。

胡氏《考異》曰：「質弱易版纏。」袁本、茶陵本「版」作「板」，音「百蠻」，何校改「扳」。陳云：「板，扳誤。」案：所校是也，注同。末當有善音，今脫。

梁氏《旁證》曰：六臣本「版」作「板」，何校改「扳」。是也，注同。

胡氏《箋證》曰：注「善曰：『板纏，猶牽引也。』」六臣本同，作「板」。按：當從手旁。《廣雅》曰：「扳，援也。」《眾經音義》引《字林》「扳，引也。」字本作「攀」，《說文》：「𢸅，引也。重文攀。」《莊子‧馬蹄》：「可攀援而窺。」釋文：「攀，本作扳」。

許氏《筆記》曰：依注作「扳」，何校改「扳」。案《說文》：「𢸅，引也。從反廾。」今變隸作「大」，或從手從樊，作攀。今隸又作「攀」，俗字作「扳」。嘉德按：晉灼曰：「𢸅，古攀字。」今皆作「攀」。《公羊傳》作「扳」，《玉篇》：「攀、扳同。援引也。」《集韻》：「扳，挽也，引也，援也。」與注訓「猶牽引」義同。其字正作「𢸅」，或作「攀」，承俗乃作「扳」也。各本作「版」、作「板」，皆誤。

黃氏《平點》曰：「版」，當作「扳」。別本作「板」，即「扳」之誤。

【疏證】

尤本作「版」。奎本、明州本、建本、五臣正德本及陳本作「板」。贛本作「扳」，音「百蠻」。謹案：毛本當誤從建本等，字當作「扳」。陳校、前胡、梁、後胡、許、黃諸家皆主其說，是也。《會稽掇英總集》卷十二亦作「扳」。何校引宋本即尤本作「版」，亦非。《考異》迻錄何校有誤。據余氏《音義》，何所用底本為錢本，今覈錢本正作「扳」，證《音義》迻錄未誤。何校止是引「宋本作版」，並非何欲改「扳」。何《讀書記》卷四十六詮解本詩下文「息陰謝所牽」云：「謂終還東山，不更扳纏也」，作「扳」不作「版」，可謂確證。諸家謂何改「扳」者，皆非。胡氏《箋證》所論與許氏略同。本條可見陳校稱尤本為「宋本」者，蓋從何校。

果木有舊行　注：劉歆《甘泉〔宮〕賦》曰：柱木雜而成行。

【陳校】

注「柱木」。「柱」，「桂」誤。

【疏證】

奎本以下諸六臣合注本、尤本悉作「桂」。謹案：《藝文類聚》卷六十二、《古文苑》卷二十一引「劉歆《甘泉宮賦》」、《初學記》卷二十四「漢劉歆《甘泉宮賦》」注引並作「桂」。此毛本獨因形近致誤，陳校當從《藝文類聚》、尤本等正之。

聊取永日閑　注：《毛詩》曰：且以永日。（鄭玄）〔毛萇〕曰：永，別也。

【陳校】

注「永，別也。」「別」，「引」誤。

【集說】

余氏《音義》曰：「別也」。「別」，何改「引」。

【疏證】

贛本、建本誤同。奎本、明州本、尤本作「引」。謹案：語見《毛詩注疏·唐風·山有樞》，字正作「引」，本書劉公幹《公讌詩》「永日行遊戲」注引同。毛本當誤從建本等，陳、何校當從《毛詩》、本書內證、尤本等正之。

衛生自有經，息陰謝所牽　注：《莊子》：南榮趎……衛生之經乎，能抱一乎？……息陰，即息影也。牽，謂俗務也。己見《遊南亭也》。

【陳校】

注「衛生之經乎。」「乎」字，衍。又「遊南亭也」。「也」，「詩」誤。

【集說】

胡氏《考異》曰：注「衛生之經乎。」茶陵本無「乎」字，是也。袁本亦衍。後修去之。

【疏證】

奎本、明州本無「乎」、作「詩」。贛本、建本無「乎」、亦無「己見」以下六字。尤本衍「乎」、作「詩」。謹案：《莊子》，見《雜篇·庚桑楚》，「經」下正無「乎」字。「乎」字，蓋尤本涉下而衍，毛本當誤從尤本；「也」，毛本獨涉上而誤。陳校當從贛本、本書內證等正之。然「己見《遊南亭詩》」當移至「牽」字上，蓋「息陰，即息影」，正就《遊南亭詩》「息景偃舊崖」

而言，非關「牽」字。贛本不能知，疑而妄刪「已見」六字，蓋緣未明乎此焉。

夫子照情素　注：《史記》：蔡澤謂應侯曰：公孫鞅之事孝公也，披于情素。

【陳校】

「披于情素。」「披」下，脫「心腹」二字。「于」，「示」誤。

【疏證】

奎本以下諸六臣合注本、尤本悉有「心腹」、作「示」。謹案：語見《史記・蔡澤列傳》，正有「心腹」、作「示」。《冊府元龜》卷八百九十、《通志・蔡澤傳》並作「披腹心，示情素。」本書鄒陽《獄中上書自明》「披心腹，見情素」注、王子淵《聖主得賢臣頌》「而抒情素」注引《戰國策》，並作「示情素」，可為旁證。此毛本獨脫「心腹」字、誤「于」，陳校當從《史記》、尤本等正之。

登臨海嶠初發疆中作與從弟惠連見羊何共和之一首
謝靈運

題下注：沈約《宋書》曰：靈運既東還，與族弟惠連、東海何長瑜、潁川荀雍、太山羊璇之文章常會。

【陳校】

注「文章常會」。「常」，「賞」誤。

【集說】

胡氏《考異》曰：注「文章常會」。何校「常」改「賞」，陳同。是也。各本皆譌。

梁氏《旁證》同胡氏《考異》。

【疏證】

奎本以下諸六臣合注本、尤本同。謹案：《宋書》、《通志》本傳並作「賞會」。「賞會」，本六朝習用語。如：《宋書・謝弘微傳》：「混唯與族子靈運、瞻、曜、弘微並以文義賞會。嘗共宴處。」《南史・謝弘微傳》作：「以文義賞會，

常共宴處。」奎本等當因二字音近而譌。毛本當誤從尤本等，陳校當據《宋書》正之。

欲抑一生歡　注：《列子》：公孫朝曰：次盡一生之歡，窮當年之樂。

【陳校】

　　注「次盡一生」。「次」，「欲」誤。

【疏證】

　　奎本以下諸六臣合注本、尤本悉作「欲」。謹案：語見《列子·楊朱》，正作「欲」，《記纂淵海》卷四十五同。據正文，亦可推作「欲」是。毛本獨因形近致譌耳，陳校當從《列子》、尤本等正之。

悽悽久念攢　注：《蒼頡篇》曰：攢，聚之也。

【陳校】

　　注「聚之也。」「之」字，衍。

【集說】

　　胡氏《考異》曰：注「攢，聚之也。」茶陵本無「之」字。陳曰云云。是也，袁本亦衍。

【疏證】

　　奎本、明州本、尤本衍同。贛本、建本無「之」字。謹案：本書《西都賦》「列刃鑽鍭」注、《甘泉賦》「攢並閭與茇葀兮」注、《上林賦》「欑立叢倚」注、《江賦》「攢布水蓏」注引《蒼頡篇》，並無「之」字。陳校當從本書內證、贛本等正之。

高高入雲霓　注：《孟子》曰：泰山之高，參天入雲。

【陳校】

　　注「《孟子》」下，脫「注」字。

【疏證】

　　奎本以下諸六臣合注本、尤本悉脫。謹案：本書江文通《別賦》「雁山糺雲」注、曹子建《送應氏詩》「荊棘上參天」注引，並作「孟子曰」。《白孔六帖·泰山》「參天入雲」注：「李善注《文選》：太山之高，參天入雲。」明·

董斯張《廣博物志·地形》錄「泰山」八字，曰：「《孟子》逸語」注云：「《文選》註。」《九家集注杜詩·夔州歌十絕句》九「中有松柏參天長」注：「古本《孟子》云：『泰山之高，參天入雲。』」並惟言「孟子」，不及「注」字。不知陳校所據。四庫館臣鈔毛本作「《孟子》注」，則館臣擅加，其從陳氏歟？

酬從弟惠連一首　　謝靈運

末路值令弟　注：鄒陽上書曰：至其聊節末路。

【陳校】

　　注「聊節」。「聊」，「晚」誤。

【疏證】

　　奎本以下諸六臣合注本、尤本悉作「晚」。謹案：鄒書，見本書《上書吳王》，正作「晚」字，《漢書·鄒陽傳》、《太平御覽》卷一百七十三、《冊府元龜》卷七百十二並同。本書《古詩十九首（朝霞）》「晚節悲年促」注、鮑明遠《擬古（十五諷）》「晚節從世務」注引亦同。毛本傳寫獨譌，陳校當從本書內證、尤本等正之。

辛勤風波事　注：風波，已見上嘉秦《贈婦詩》曰：思面敘款曲。

【陳校】

　　注「已見上嘉秦」。「嘉秦」，當作「文泰」。

【集說】

　　余氏《音義》曰：「嘉二」。「嘉」，何改「文」、「二」，改「秦」。

【疏證】

　　注「已見上」字下，奎本、明州本、尤本作「文秦嘉」。贛本、建本無「已見上」三字，複出「《家語》：『孔子曰：不觀巨海，何以知風波之患？』」以注「風波」，下直接「秦嘉《贈婦》詩曰」云云。謹案：秦嘉詩見《玉臺新詠·秦嘉贈婦詩三首》二，云：「嘉秦，當作文泰」，此當陳校所從者焉。「泰」，「秦」之傳寫譌耳。尤本等是。毛本傳寫而譌「嘉秦」錢本譌作「嘉二」。「上文」，謂謝惠連《西陵遇風獻康樂》「佇檝阻風波」引《家語》注。參拙著《何校集證》。

共陶暮春時　注：其曰。

【陳校】

注「其曰」。「曰」，「四」誤。

【斠證】

諸《文選》本咸作「四」。謹案：此第四章末句下注。毛本獨形近致譌，陳校當從尤本等正之。

野蕨漸紫苞　注：《尚書》……孔安國曰：苞，取生也。

【陳校】

注「苞，取生也。」「取」，「叢」誤。

【疏證】

奎本以下諸六臣合注本、尤本悉作「叢」。謹案：語見《尚書注疏・禹貢》「草木漸包」注，字正作「叢」。《白孔六帖》卷九十九「漸苞」注亦作「叢」。此毛本獨因二字形近而譌，陳校當從《尚書》、尤本等正之。

文選卷二十六

二十六卷目：發江中孤嶼

【陳校】

「發」，「登」誤。

【疏證】

五臣正德本、陳本卷前目並誤「發」，奎本、明州本誤同。贛本無卷前目及總目。建本無卷前目，總目誤亦同。尤本作「登」。正文並「登」。謹案：諸《文選》本正文題，悉作「登」。奎本等卷前目，當誤從五臣本。古人刻書，卷首及卷前題目，往往草率與正題有歧異。陳校當從正題、尤本等正之。本條周鈔誤置二十五卷目前，今移正。

贈王太常一首　　顏延年

題注：蕭子顯《齊書》：王僧達除太常

【陳校】

題注「蕭子顯《齊書》」，當作「沈約《宋書》」。

【集說】

張氏《膠言》曰：題注引「蕭子顯《齊書》：王僧達除太常」。雲璈按：僧達除太常，在宋代孝建三年。注似當引「沈約《宋書》」。

姚氏《筆記》曰：按：王僧達見誅於大明之世，安得入《齊書》？「蕭子顯齊」四字疑誤。自注：或附見於《齊紀傳》中，偶略取之耳。

許氏《筆記》曰：「蕭子顯《齊書》」。何云：「當作沈約《宋書》。」案：孝建三年，王僧達除太常，延之即於是年卒，年七十三。僧達大明二年於獄賜死。

【疏證】

奎本以下諸六臣合注本、尤本悉同。謹案：事見《宋書·王僧達傳》：「孝建三年，除太常」。又云：「（大明）二年八月一日，夜起兵……於獄賜死。時年三十六」。是王氏不得傳於蕭《書》，明矣。毛本當誤從尤本等，陳校當從《宋書》正之。姚、許說是。前胡又漏錄、漏校。張、姚、許三家實並出何、陳師徒，此可見兩家以史校《選》之特長。

敷言遠朝列　注：《尚書》曰：凡厥眾人，極之敷言。《秋興賦》曰：猥廁朝列。《爾雅》曰：列，業也。

【陳校】

注引《書》：「凡厥眾人。」此避太宗御名。又「列，業也。」按：「烈，業也」，此《爾雅·釋詁》文，不當誤引以釋「列」字。蓋五臣本作「烈」，故有此注。後人誤入李注，並譌「烈」為「列」耳。

【集說】

胡氏《考異》曰：注「《爾雅》曰：列，業也。」案：「爾」，當作「小」、「業」，當作「次」。各本皆誤。又陳云：「烈，業也，《釋詁》文。不當誤引以釋列字。蓋五臣本作烈，故有此注。後人誤入李注，並訛烈為列。」其說非也。袁、茶陵所載五臣銑「烈，美也」之注自在。且引「《爾雅》曰」，亦不合其例。此為善注無疑。必「小」譌作「爾」，乃改「次」為「業」耳。

梁氏《旁證》曰：五臣「列」作「烈」，銑注可證。又曰：注「《爾雅》曰：『列，業也』」。「爾」，當作「小」、「業」，當作「次」。各本皆誤。

姚氏《筆記》曰：「敷言遠朝列。」何從五臣改「烈」。

胡氏《箋證》曰：《旁證》云：「爾，當作小。業，當作次。」紹煐按：此後人因五臣作「烈」，又《爾雅》有「烈業」之訓，故改「小」為「爾」、「次」為「業」。然善注先引《秋興賦》「猥廁朝列」，知善本作「列」不作「烈」。

許氏《筆記》曰：注「《爾雅》曰：列，業也。」今《爾雅》作「烈」。嘉德案：六臣本云：「列，五臣本作烈。」陳云：「烈，業也」云云。胡曰：「其說非也。……『爾』，當作『小』，『業』，當作『次』。必『小』譌『爾』，乃改『次』為『業』耳。」德又案：「列，次也」，《小爾雅》文。李引《小爾雅》皆稱《小雅》，此引《小雅》，當是也。正文作「列」，義當為「次」，與《爾雅》不相關涉。自「小」譌「爾」，因改「次」為「業」，致不可通。今從胡校。

【疏證】

奎本以下諸六臣本、尤本悉作「眾人」。尤本作「列」，贛本、建本同，校云：五臣作「烈」。五臣正德本、陳本正作「烈」，奎本、明州本同，校云：善本作「列」字。謹案：尤氏《考異》曰：「五臣列，作烈。」注：「烈，美也。」《尚書》，見《洪範》。原作「凡厥庶民」，後人諱唐改作「眾人」耳，此非李善初衷。毛本當從尤本等。五臣作「烈」，銑注可證。善作「列」，注先引《秋興賦》「猥廁朝列」已明。陳校謂《爾雅》文為五臣注誤入李注，證據不足，難以取信，故還以二胡校、二許說為得。陳校雖非。然烈與列，本可通。見上馬季長《長笛賦》「激朗清厲」條。檢《藝文類聚》卷三十一亦作「烈」，是李善亦未必不可作「烈」。當然，若善與五臣用有別，則自當區分。

芳風被卿薹

【陳校】

「卿」，當作「鄉」。

【疏證】

諸《文選》本咸作「鄉」。謹案：《藝文類聚》卷三十一、《海錄碎事》卷八引並作「鄉」。五臣亦作「鄉」，向注可證。此獨毛本因形近致譌，陳校當從尤本等正之。

夏夜呈從兄散騎車長沙一首　顏延年

屏居側物變　注：《鵬鳥賦》曰：萬物變化。

【陳校】

「側」，「惻」誤。又注「《鵬鳥賦》」。「鵬」，「鵩」誤。

【集說】

余氏《音義》曰：何曰：「惻」，宋本誤「側」。

【疏證】

奎本以下諸六臣合注本、尤本悉作「惻」、「鵬」。謹案：「側」，通「惻」。《說文通訓定聲・頤部》：「側，叚借為惻。」《楚辭・九歌・湘君》：「隱思君兮陫側。」俞樾平議補錄：「側，讀為惻隱之惻。陫側，即悱惻。」毛本用「側」字，不得謂誤，陳、何校非。「萬物變化」，見本書《鵬鳥賦》。毛本作「鵬」，則因與「鵬」形近而譌。陳校當從本書內證、尤本等正之。

直東宮答鄭尚書一首　　顏延年

跚躅清防密，徙倚悼漏窮　　注：夏候沖《答潘岳詩》曰：相思限清防，企仲誰與言？

【陳校】

「悼」，作「恒」為是。又注「企仲誰與言。」「仲」，「佇」誤。

【疏證】

奎本以下諸六臣合注本、尤本悉作「恒」、「佇」。謹案：《海錄碎事》卷五引、《初學記》卷十一「東宮答鄭尚書詩」注引並作「恒」。毛本二處獨因形近而誤，陳校當從尤本等正之。

言樹絲與桐　　注：《史記》曰：夫治國家，何異絲桐之間哉。

【陳校】

注「何異絲桐」。「異」，「與」誤。

【集說】

胡氏《考異》曰：注「何異絲桐之間哉。」陳曰云云。是也，各本皆譌。

梁氏《旁證》曰：陳校「異」改「與」。各本皆誤。

【疏證】

奎本以下諸六臣合注本、尤本悉同。謹案：事見《史記・田敬仲完世家》，作「夫治國家而弭人民，又何為乎絲桐之間？」本書謝宣遠《九日從

宋公戲馬臺集送孔令》「中堂起絲桐」注、王仲宣《七哀詩》「絲桐感人情」
注引並作「為」。毛本當從尤本等。陳改「與」亦通，豈陳所見本《史記》
如此？

和謝監靈運一首　　顏延年

人神幽明絕　注：言時亂不獲祭享。

【陳校】

　　注「言時亂不獲祭享。」按：此自言以非罪為權臣擯逐，恨幽明路絕，
（末）［未］由仰訴也。注誤。

【疏證】

　　奎本以下諸六臣本、尤本悉同。謹案：此陳論善注釋義之非。

興玩究辭棲

【陳校】

　　「棲」，「悽」誤。

【集說】

　　胡氏《考異》曰：「興賦究辭棲。」袁本、茶陵本「棲」作「悽」。陳曰云
云。是也。

　　梁氏《旁證》曰：「棲」。五臣作「悽」，濟注：「切也。」如作「棲」，韻
複。

　　胡氏《箋證》曰：《旁證》曰云云。

　　許氏《筆記》曰：「辭棲」。「棲」，當作「悽」。嘉德案：顏詩「興玩究辭
棲」。茶、袁本「棲」作「悽」，是也。又案：六臣本云：「玩，善作賦。」李
注明曰：「玩，愛也」，則善自作「玩」，六臣校語不足據如此。

【疏證】

　　尤本誤同。奎本以下諸六臣合注本作「悽」。謹案：《初學記》卷十二「宋
顏延之和謝監靈運詩」注引作「玩」、「悽」。施氏《會稽志》卷二十引並同。
此毛本從尤本之誤，陳校當從贛本等正之。

答顔延年一首　王僧達

王僧達　注：沈約《宋書》曰：為始興王行府參軍。

【陳校】

注「行府參軍」。「行府」，當作「後軍」。

【集說】

余氏《音義》曰：「行府」。「府」，何改「軍」。

梁氏《旁證》曰：何校「府」改「軍」。尤本不誤。

【疏證】

奎本以下諸六臣合注本誤同。尤本作「行軍」。謹案：奎本銑注引沈約《宋書》已誤，而明州本徑省稱「善同銑注」，贛、建二本改取善注而省稱「銑同善注」，皆未行更改。今考《宋書》王傳作：「以為始興王濬後軍參軍」，《冊府元龜》卷七百八引同。「行府」當作「後軍」。毛本之誤，當涉建本，陳校據《宋書》正之。何據尤本，仍失一間。

崇情無遠跡

【陳校】

「無」，「符」誤。

【疏證】

奎本以下諸六臣合注本、尤本悉作「符」。五臣正德本及陳本作「浮」，然翰注，正德本作「□空脫一字同」，陳本則作「符，同」。謹案：「浮」，與「符」通。《說文通訓定聲・需部》：「符，叚借為浮。」本書《蜀都賦》「符采彪炳」善引舊注「符采，玉之橫文也。」《晉書・食貨志》：「登良山而採符玉，泛瀛海而罩珠璣。」並是朱氏之證。作「浮」與下文「清氣溢素襟」之「溢」相切。此當善「符」、五臣作「浮」。善用段字，五臣則改取其本字耳。奎本等六臣合注本失校語。五臣正德本翰注「同」上一字漫漶，陳本則據六臣合注本補作「符」字，致翰注與文歧出不合。翰注：「崇，高。浮，同。」蓋謂「浮」亦有高義也（本書《甘泉賦》「歷倒景而絕飛梁兮，浮蠛蠓而撇天」注引服虔曰：「浮，高貌也。」是其驗）。毛本獨因音近誤作「無」，陳校則從尤本等正之。本條亦見欲修復李善原貌，五臣本亦不可廢也。

結遊略年義，篤顧棄浮沉

【陳校】

此酬顏詩「鄉犛」句也。僧達先以不得宰相為恨，及除太常，志尤不滿，故有下「棄浮沈」句。

【疏證】

奎本以下諸六臣本、尤本悉同。謹案：此陳詮釋二句詩義。

郡內高齋閑坐答呂法曹一首　　謝玄暉

曠望極高深　注：魏武帝《善哉行》曰：山不厭高。

【陳校】

注「魏武帝《善哉行》。」「善哉」，當作「短歌」。

【集說】

胡氏《考異》曰：注「魏武帝《善哉行》曰」。陳曰云云。是也，各本皆誤。

梁氏《旁證》曰：陳校「善哉」改「短歌」。是也。各本皆誤。

【疏證】

奎本以下諸六臣合注本、尤本誤同。謹案：詩見本書《樂府二首》，正作「《短歌行》」。《藝文類聚》卷四十二、《樂府詩集・相和歌辭》引並同。毛本當誤從尤本等，陳校當從本書內證正之。

在郡臥病呈沈尚書一首　　謝玄暉

高閣當晝掩

【陳校】

「當」，「常」誤。

【疏證】

諸《文選》本咸作「常」。謹案：《藝文類聚》卷三十一、《海錄碎事》卷

十二引亦作「常」。任氏《山谷內集詩注・送舅氏野夫之宣城》「桁楊臥訟庭」注引亦同。今按下文「荒堦少靜辭」,之「少」相偶,亦見作「常」是。此毛本獨因形近致誤,陳校當從尤本等正之。

絃歌終莫取　注:《論語》子曰游為武成宰,聞絃歌之聲。

【陳校】

　　注「子曰」。「曰」字,衍。

【疏證】

　　奎本、尤本作「曰子」。明州本善注首刪「《論語》曰」十四字,贛本、建本踵之。謹案:事見《論語・陽貨》,原文作:「子之武城,聞弦歌之聲」注「孔曰:子游為武城宰。」故據上下文義,以奎、尤二本為是,本書《古詩十九首(西北)》「上有弦歌聲」注正作「《論語》曰:子游為武成宰」云云,故毛本從尤本而傳寫偶倒,非衍。陳校失在未審上下文義、未檢照本書內證耳。

撫机令自嘆　注:陸機《赴洛詩》曰:撫机不能寐。

【陳校】

　　注「撫机」。「机」,「几」誤。

【集說】

　　顧按:此「机」字。

　　梁氏《旁證》曰:五臣「机」作「枕」,良注可證。按宋本《謝宣城集》亦作「枕」。然李注引陸機《赴洛詩》「撫机」為釋。本書《赴洛道中詩》,此句「机」作「几」,蓋「几」、「机」同也。似五臣不可從。

【疏證】

　　尤本、建本並善注同,建本有校云:五臣作「枕」。奎本、明州本作「枕」,校云:善作「机」。善注作「撫机」。贛本並善注作「撫几」,校云:五臣作「枕」。謹案:「机」為「几」之叚借。《說文通訓定聲・履部》:「机,叚借為几。」「机」即「几」之異文。《莊子・齊物論》:「南郭子綦隱机而坐,仰天而噓」釋文:「机,李本作几。」是其證。吳氏《別雅》卷三云:「机,即几字別體。今俗以机為機之省文,非也。」《十六國春秋・前趙錄・劉聰》:「(東平王)約歸,置皮囊於机下。俄而蘇,謂左右曰:『机上取囊來。』」上引《莊子・齊物

論》,《唐韻正》卷十「耦」,引作「机」。皆是「机」同「几」之證。毛本當從尤本等,不誤。贛本及本書陸機《赴洛道中作》詩,作「撫几」。此陳校所據。陸詩,注誤作「《赴洛詩》」,前胡、陳氏未能正,梁氏《旁證》得之。

暫使下都夜發新林至京邑贈西府同僚一首　謝玄暉

金波麗鳷鵲　注:張楫《漢書注》曰。

【陳校】

注「張楫」。「楫」,「揖」誤。

【疏證】

奎本同。明州本、贛本、尤本、建本作「揖」。謹案:《漢書敘例》:「張揖,字稚讓。清河人。魏太和中為博士」注:「止解《司馬相如傳》一卷。」即其人。名從手旁。然古人扌、木旁,俗寫多混,故本書王文考《魯靈光殿賦》「奔虎攫拏以梁倚」注、陸士衡《塘上行》「江蘺生幽渚」注、曹子建《朔風詩》「愧無榜人」注等引並從「扌」,而王子淵《四子講德論》「故美玉蘊於碔砆武」注、沈休文《齊故安陸昭王碑文》「蠻阪夷徼」注引張注,皆作「木」也。毛本當有所宗,不得謂誤。當然,從校勘角度言,並當改從「扌」為宜。

思見昭丘陽　注:《荆州圖》曰:《登樓賦》曰所謂西接昭丘也。

【陳校】

注「《登樓賦》曰。」「曰」字衍。

【集說】

胡氏《考異》曰:注「《登樓賦》曰:所謂西接昭丘也。」陳曰云云。是也,各本皆衍。案:與彼賦注可互證。

梁氏《旁證》曰:陳校去「曰」字。是也。

【疏證】

奎本「賦」下,無「曰」字。明州本、贛本、尤本、建本衍。謹案:《太平御覽》卷五百五十九引「《荆州圖記》曰……王粲《登樓賦》所謂西接昭丘是也」,「賦」下無「曰」字。此明州本涉上「《荆州圖》曰」而衍。諸本襲而不察。毛本當誤從尤本等,陳校當從上下文義刪之,是也。

奉答內兄希叔一首　陸韓卿

題下注：《顧氏家譜》曰：盼，字希叔。邵陵三國常侍。

【陳校】

題注「三國」。「三」，「王」誤。

【集說】

姚氏《筆記》曰：注「《顧氏家譜》曰：盼，字希叔。邵陵王國常侍。」……按：「邵陵王」，當是齊武帝之子邵陵王子貞也。

【疏證】

奎本以下諸六臣合注本、尤本悉作「王」。謹案：此毛本獨因形近致誤。陳校當從尤本等正之。姚氏《筆記》說，當是。

陸韓卿　注：蕭子顯《齊書》曰：陸厥……王晏少傅主簿，後至行軍參軍。

【陳校】

注「少傅主簿，後至行軍參軍」。「傅」，「傅」誤。「簿」下脫「遷」字、「至」字衍、「行軍」二字，當乙。

【集說】

胡氏《考異》曰：注「後至行軍參軍。」陳云：「後上，脫遷字，至字衍，行軍二字，當乙。」是也，各本皆誤。

梁氏《旁證》曰：注「後至行軍參軍」，又「選太子太傅功曹掾」。何校「後」上添「遷」字，去「至」字，「行軍」二字乙轉；「選」改「遷」。皆是也。

【疏證】

奎本、贛本、尤本、建本作「傅」、脫「遷」字，衍「至」字，「行軍」倒。明州本省作「善同濟注」。謹案：語見《南齊書》本傳，正作「少傅主簿遷後軍行參軍。」毛本獨誤「傅」，其餘當誤從尤本等。陳校蓋據《南齊書》。不熟史文者，無從發覺而正也。《旁證》誤作「何校」。其下校「選太子太傅功曹掾」同。

歸來翳桑柘　注：左太仲《詠史詩》曰：陳平無產業，歸來翳負郭。

【陳校】

　　注「左太仲」。「仲」，「沖」誤。

【疏證】

　　奎本以下諸六臣合注本、尤本悉作「沖」。謹案：左太沖《詠史（主父）》篇，載在本書。《藝文類聚》卷五十五引作「左思」。此毛本獨形近而譌，陳校從上下文可決，無待披尤本等也。

寂（蔑）〔蔑〕終始斯　注：荀紀《七哀詩》曰：何其寂蔑。

【陳校】

　　注「荀紀」。「紀」，「組」誤。

【疏證】

　　奎本以下諸六臣合注本、尤本悉作「組」。謹案：本書謝靈運《鄰里相送方山詩》「塵慰寂蔑」注引荀詩，正作「組」。組，字大章。有才識。《晉書》有《傳》。毛本因形近致誤，陳校當從本書內證、尤本等正之。

庶子及家臣

【陳校】

　　「臣」，「丞」誤。

【集說】

　　余氏《音義》曰：「臣」。何改「丞」。

　　孫氏《考異》曰：「庶子及家丞。」「丞」誤「臣」。

　　胡氏《考異》曰：何校「臣」改「丞」。陳曰云云。案：各本皆作「臣」，詳五臣良注：「家丞，亦家臣也。」是其本作「臣」，意取與下「民」、「陳」、「濱」為協，然庶子同是家臣，而以「及」為言，殊乖文義，恐此詩自通協「丞」字，善亦不作「臣」，故但引「家丞」，更無申說也。各本皆以五臣亂之，而失著校語。

　　梁氏《旁證》曰：何校「臣」改「丞」，陳同。是也。五臣作「臣」，良注謂：「盼為邵陵王常侍也。」

　　姚氏《筆記》曰：「春華與秋實，庶子及家臣。」承、丞、臣同，漢碑可

考。《新唐書》「承」，亦多用「臣」。如《唐臨傳》「紛訴不臣」、《狄仁杰傳》「一問即臣」、《魏元忠傳贊》「臣間臨機會」是也。此疑「讀丞為臣」，未應即作「臣」字。

徐氏《糾何》：何改「臣」為「丞」。案：「家臣」固可作「家丞」，劉楨元書本是「丞」字，改之似確。然此詩「臣」與「民」、「陳」、「濱」協，若作「丞」字，於韻轉乖。

胡氏《箋證》曰：注「善曰：《魏志曰》：『采庶子之春華，忘家丞之秋實。』」依注則正文當作「家丞」。古臻、蒸通韻。後人疑「丞」字不協，故改之。

許氏《筆記》曰：何改「家丞」。案：「家丞」可偁「家臣」，於義無舛。若改「家丞」，韻乖矣。任彥升《代褚蓁表》云「武始迫家臣之策」注云「敕家丞翕」，是「家丞」可偁「家臣」也。嘉德案：胡曰云云。嘉德謂：「通協」之說未然，此詩義取「家丞」，因協用「臣」。「家丞」，古亦通稱「家臣」，非「丞」誤也。或云：「正文家臣，注作家丞，李必有申說丞、臣異同之注」，然考任彥升《代褚諮議表》正文「家臣」，注引作「家丞」，亦無申說，與此正同。是可知以「丞」證「臣」，「丞」、「臣」二字通用不別，亦可證善本自作「臣」字。

黃氏《平點》曰：「庶子及家臣」句，「臣」字不誤。

【疏證】

諸《文選》本悉作「臣」。謹案：《海錄碎事》卷十八引亦作「臣」。奎本良注有「邢顒為平原侯植家丞。防閑以禮，與植不合。庶子劉楨有才華，而植重之。人問之，以為庶子之春華，忘家丞之秋實。家丞，亦家臣也。」凡五十一字。明州本首刪之，贛本、建本同。良注實出《魏志·邢顒傳》（見下條）。其校云「家丞，亦家臣也。」蓋謂：《志》作「丞」、《選》作「臣」，無二致也，並非五臣與善有異同。嘉德謂「家丞，古亦通稱家臣。非丞誤也。」黃氏《平點》亦稱：「臣字不誤。」皆是也。後胡《箋證》說，非。參拙著《何校集證》。

注：《魏志》曰：庶子劉楨書諫植曰：家承邢顒，北土之彥，而植禮遇殊特。

【陳校】

注「植禮遇殊特。」「植」，「楨」誤。

【集說】

余氏《音義》曰：「家承」、「植禮」。「承」，何改「丞」、「植」改「楨」。

【疏證】

奎本以下諸六臣合注本、尤本悉作「丞」。「植」字，奎本獨脫，明州本以下諸六臣合注本、尤本誤同。謹案：今考《魏志·邢顒傳》曰：「庶子劉楨書諫植曰：『家丞邢顒，北土之彥。少秉高節，玄靜澹泊。言少理多，真雅士也。楨誠不足同貫斯人，並列左右。而楨禮遇殊特，顒反疏簡。私懼觀者將謂君侯『暱近不肖，禮賢不足。採庶子之春華，忘家丞之秋實。』為上招謗，其罪不小。以此反側」云云。「承」字，按上條引姚氏《筆記》說是。《敦煌文獻》屢見「承」作「丞」。S.2832《原文等範本》：「長史則冠蓋騰芳，侍御則開國丞家。」S.2832《原文等範本·公》：「門傳鼎族，玉葉相丞。」黃征《敦煌俗字典)》第50頁。皆其證。然則，毛本亦不誤。「楨」，乃作書者自稱。善注節攝成文，奎本有奪文，明州本則因「植」「楨」形近而譌，贛本以下相襲踵誤，一發不可收拾。毛本當誤從尤本等，陳、何乃據《魏志》正之耳。

離宮收杞梓，華屋富徐陳　注：離宮、華屋，皆謂太民也。

【陳校】

注「太民」。「民」，「子」誤。按永明十年，邵陵王除東中郎將、吳郡太守。三章皆追敘希叔侍王在邸事。至下章「河陽別」之句，則謂從王赴郡也。末章「渤海滯淫」，言方久留吳地，如徐、陳在渤海耳。李注全誤。

【疏證】

奎本以下諸六臣合注本、尤本悉作「子」。謹案：「民」字，毛本獨傳寫譌耳。陳校當從尤本及上下文義等正之。本條陳兼駁善注之非。

平旦上林苑　注：《楚辭》曰：平明發兮蒼悟。

【陳校】

注「平明發兮蒼悟」。「悟」，「梧」誤。

【疏證】

奎本以下諸六臣合注本、尤本悉作「梧」。謹案：語見《楚辭章句·九歎·逢紛》，正作「梧」，本書謝玄暉《觀朝雨》「平明振衣坐」注、江文通《雜體

詩‧謝臨川遊山》「平明登雲峰」注引並同。此毛本傳寫而譌，陳校當從《楚辭》、尤本等正之。

書記既翩翩　注：魏文帝《與吳質書》曰：元瑜書記翩翩，致足樂之。

【陳校】

「致足樂之。」「之」，「也」誤。

【集說】

胡氏《考異》曰：注「致足樂之。」何校「之」改「也」。陳同。是也，各本皆誤。

梁氏《旁證》同胡氏《考異》。

【疏證】

奎本以下諸六臣合注本、尤本同。謹案：曹丕書載在本書，正作「也」字。《三國志‧魏志‧劉楨傳》，字亦作「也」，《太平御覽》卷五百九十五、《冊府元龜》卷四十及卷二百六十等引並同。毛本獨因形近而譌，陳、何校當從《魏志》、本書內證、尤本等正之。

駿足思長阪　注：棗臺彥《答杜育詩》曰：矯矯駿足。

【陳校】

注「棗臺彥」。按：臺彥，名嵩，據之弟。附見《晉書‧據傳》。

【疏證】

明州本、尤本、建本作「臺」同。奎本作「道」、贛本作「壷」。謹案：檢《晉書‧棗據傳》「據，字道彥。」又曰：「弟嵩，字臺產。才藝尤美。」兩條互證，可見棗嵩字當為「臺彥」、奎本作「道」，乃其兄據之字誤。《字彙‧至部》：「壷，臺俗字。」《說苑‧辨物》「齊景公為路寢之壷，成而不通焉。」《太平御覽》卷一百七十七、卷九百二十引及《晏子春秋‧內篇‧雜下》並作「臺」。本條係陳補善注之脫。

柴車畏危轍　注：《韓詩外傳》：齊子曰：駕馬柴車可得而乘也。

【陳校】

注「駕馬柴車」。「駕」，「鴛」誤。

【集說】

余氏《音義》曰：「駕馬」。「駕」，何改「駑」。

【疏證】

奎本以下諸六臣合注本、尤本悉作「駑」。謹案：語見《韓詩外傳》卷十，字正作「駑」，《太平御覽》卷一百六十、《記纂淵海》卷五十一引並同。據上下文意，亦當作「駑」，不作「駕」也。毛本傳寫而譌，陳、何校當據《外傳》、尤本等正之。

惜哉時不與 注：劉越石《贈盧諒詩》曰：時哉不我與。

【陳校】

注「盧諒詩」。「諒」上，脫「子」字。

【集說】

胡氏《考異》曰：注「《贈盧諒詩》曰」。陳曰云云。案：非也。此如「公幹」稱「幹」，「季重」稱「重」之例。

徐氏《規李》曰：潘安仁《西征賦》「重戮帶以定襄」注「重，晉文侯重耳。」案：「重耳」稱「重」，已見《左·定四年傳》。孟堅《幽通賦》「重醉行而自耦」，亦單稱「重」。見《規李·西征賦》。

【疏證】

明州本、贛本、尤本、建本同。奎本有「子」字。謹案：劉詩《重贈盧諶》載在本書。前胡據本書體例正之，其說是。上引徐氏說，亦足為佐證。然則，奎本不必補「子」字。此明州本首依例正之，贛、尤本等皆從之。毛本當從尤本等，陳校不必補。

贈張徐州謖一首　范彥龍

題：張徐州謖

【陳校】

「謖」，「稷」誤。

【集說】

梁氏《旁證》曰：六臣本「稷」作「謖」。

朱氏《集釋》曰：范彥龍《贈張徐州稷》詩。「稷」，蓋「謖」之形似而誤也。見《集釋》丘希範《侍宴樂遊苑送張徐州應詔詩》。

徐氏《糾何》曰：何改「謖」為「稷」。案：張謖之名，《晉書》誤作「稷」。劉璠《梁典》作「謖」，音霜六切。互見丘希範《樂游苑應詔詩》注。

許氏《筆記》曰：「謖」，何改「稷」。案：丘希範《樂游苑》詩注云「謖，霜六切」，然「謖」字不誤。今《晉書》誤作「稷」耳。嘉德案：各本多作「稷」，殆皆依《晉書》而誤。

黃氏《平點》作「稷」。

【疏證】

奎本以下諸六臣合注本、五臣正德本及陳本並同。尤本獨作「稷」。謹案：《古今事文類聚》別集卷二十七亦作「謖」。本條「張徐州謖」，為齊、梁間人。其任北徐州刺史在永泰二（499）年。《南齊書·東昏侯紀》云：「（永泰二年）秋七月甲辰，以驃騎司馬張稷為北徐州刺史。」可證。徐氏《糾何》以「張徐州謖」與本書丘希範《侍宴樂遊苑送張徐州應詔詩》之「張徐州」為一人，應無疑問。然《南齊書》作「稷」，《梁書·張稷傳》同。丘詩注引劉璠《梁典》名作「謖」。「稷」、「謖」形似，必有一誤。本條尤本獨作「稷」，蓋從《南齊書》、《梁書》，而陳、何校當從尤本及《南齊》、《梁書》爾。今考《晉書·涼武昭王傳》云：「隆安四（400）年，晉昌太守唐瑤移檄六郡，推玄盛為大都督大將軍涼公，領秦、涼二州牧護羌校尉。玄盛……，建年為庚子。……以唐瑤為征東將軍……宋繇、張稷為從事中郎。」《晉書》張稷，為晉安帝（397～418）隆安時人，與齊梁「張徐州」，時代相距八、九十年。絕非一人。徐、許二氏若以齊、梁間張稷與《晉書》張稷（謖）為一人，則誤矣。至於《晉書》「謖」誤「稷」，則見館臣《四庫全書·晉書考證》卷二十五：「《涼武昭王傳》：宋繇、張謖為從事中郎。刊本謖譌稷，據明監本……並改」云云，與尤氏、陳、何校無涉。毛本當從建本等。

田家樵採去　注：張景陽《雜詩》曰：後來修岸垂

【陳校】

注「後來」。當作「投耒」。

【集說】

余氏《音義》曰：「後來」。六臣「後」作「投」。

胡氏《考異》曰：注「投來修岸垂。」陳云：「來，當作耒。」是也，各本皆誤。

梁氏《旁證》曰：陳校「來」作「耒」。各本皆誤。

【疏證】

奎本、贛本作「投耒」。明州本、尤本、建本作「投來」。謹案：《藝文類聚》卷三十六引、《九家集注杜詩·阻雨不得歸瀼西甘林》「喜聞樵牧音」注引並作「投耒」。張詩載在本書《雜詩（結宇）》篇，正作「投耒」。「耒」、「來」音近，明州本等所以致譌，毛本誤從尤本等。陳校當從贛本及本書內證等正之。前胡錄「陳云」，僅論「來」字而不校「後」字，蓋前胡所校對象是尤本，與陳校對象為毛本不同爾。

軒蓋照墟落　注：《說苑》：師曠謂晉平公曰：吾鼎不當生墟落。

【陳校】

注「吾鼎」。「吾」，「五」誤。

【疏證】

奎本以下諸六臣合注本、尤本悉作「五」。謹案：事見《說苑·辨物》，今本作：「五鼎之具，不當生藜藿，人主堂廟，不當生萊藜」，史容《山谷外集詩注·庚申宿觀音院》「谷底一墟落」注引善注同。毛本獨因音近而譌，陳校當從《說苑》、尤本等正之。

物情棄疵賤　注：《爾雅》曰：疵，痛也。

【陳校】

注「疵，痛也」。「痛」，「病」誤。

【集說】

胡氏《考異》曰：注「疵，痛也」。陳曰云云。是也，各本皆譌。

梁氏《旁證》曰：陳校「痛」改「病」。

【疏證】

奎本以下諸六臣合注本、尤本悉同。謹案：語見《爾雅·釋詁下》，正作

「病」字。本書潘安仁《夏侯常侍誄》「俗疵文雅」注引「孔安國《尚書傳》曰：疵，病也。」可為佐證。毛本當誤從尤本等，陳校當從《爾雅》正之。

為我西北飛　注：《輿地志》曰：宋以鍾離置徐州，齊以荊州為北徐州也。

【陳校】

注「齊以荊州為北徐州」。「荊州」二字，衍。

【集說】

胡氏《考異》曰：注「齊以荊州為北徐州也。」陳曰云云。案：所校是也，謂即鍾離之徐州，而加「北」字耳，各本皆衍。

梁氏《旁證》曰：陳校去「荊州」二字。是也。謂即鍾離之徐州，而加「北」字耳。各本皆衍。

【疏證】

奎本以下諸六臣合注本、尤本衍同。謹案：前胡謂「即鍾離之徐州，而加北字」，是。《南齊書·州郡上》：「北徐州鎮鍾離」。同書《東昏侯紀》「（永泰二年）秋七月甲辰，以驃騎司馬張稷為北徐州刺史」，皆可證。毛本當誤從尤本等。陳校當從本書內證，丘希範《侍宴樂遊苑送張徐州應詔詩》注引劉璠《梁典》曰：張謖「齊明帝時為北徐州刺史」等正之。

古意贈王中書一首　范彥龍

來棲桐樹枝　注：鄭安《毛詩箋》曰：鳳皇之性。

【陳校】

注「鄭安」。「安」，「玄」誤。

【集說】

余氏《音義》曰：「鄭安」。「安」，何改「玄」。

【疏證】

奎本以下諸六臣合注本、尤本作「玄」。謹案：鄭玄《箋》，見《詩經·大雅·卷阿》。本書劉公幹《贈從弟（亭亭）》「鳳皇集南嶽」注引亦作「玄」。此

「安」、「玄」形近而譌。陳、何校當據《詩經》、本書內證、尤本等正之。

贈郭桐廬出溪口見候余既未至郭仍進村維舟久之郭生方至一首　任彥昇

涼令行春反　注：范曄《後漢書》曰：滕撫，字叔輔，北海人也。初士州郡，稍遷為涼令。

【陳校】

　　注「初士」。「士」，「仕」誤。

【集說】

　　余氏《音義》曰：「初士」。「士」，何改「仕」。

　　姚氏《筆記》曰：注引「范曄《後漢書》曰：滕撫」云云，按滕撫無行春事，此謝承《後漢書》載鄭宏事。

【疏證】

　　奎本以下諸六臣合注本、尤本悉作「仕」。謹案：《後漢書·滕撫傳》，正作「仕」，《通志》同。《說文通訓定聲·頤部》：「士」，段借為「仕」。《馬王堆漢墓帛書·稱》：「不士於盛盈之國。」《論衡·刺孟》：「有士於此，而子悅之。」《孟子·公孫丑下》「士」作「仕」。皆其證。本條又非五臣與善之歧，然則，陳、何不改也得。姚說亦可參。

河陽縣作二首　潘安仁

幹流隨風飄　注：《鶡冠子》曰：幹流遷徙。如淳《漢書注》曰：幹，轉也。

【陳校】

　　注「幹」，「幹」誤。注同。

【集說】

　　余氏《音義》曰：「幹」，六臣作「幹」。注同。

　　許氏《筆記》曰：何改「幹」。嘉德案：注引《漢書注》曰「幹，轉也」，

據注則正文自作「幹」，而注「幹」亦譌作「幹」，傳寫譌也。

【疏證】

奎本以下諸六臣合注本、尤本悉作「幹」，注同。五臣正德本、陳本作「幹」。謹案：五臣作「幹」，濟注可證。《鶡冠子·世兵》正作「幹」。《九家集注杜詩·贈李白秋》「來相顧尚飄蓬」注引此詩「幹」作「轉」。亦佐證作「幹」之非是。毛本當形近而譌，陳、何校當據《鶡冠子》、尤本等正爾。

令名患不劭　注：《小雅》曰：劭，美也。

【陳校】

注「《小雅》」。「小」下，脫「爾」字。

【集說】

梁氏《旁證》曰：凡李注「《小爾雅》」，並作「《小雅》」。後仿此。

【疏證】

奎本以下諸六臣合注本、尤本悉同。謹案：本書王簡栖《頭陀寺碑文》「身逾遠而名劭」注誤亦同。檢《孔叢子·小爾雅·廣詁一》：「邵……，美也。」劭與邵同。毛本蓋誤從尤本等，陳校當據《孔叢子》、善注體例補之。參上《西都賦》「度宏規而大起」條。本書陸士衡《豪士賦序》「身逾逸而名逾劭」注引作「《爾雅》注曰」、陸士衡《演連珠（臣聞披雲）》「是以四族放而唐劭」注作「《爾雅》曰」，並誤。

頌如槁石火　注：《毛詩》曰：子有鐘鼓，弗擊弗考。毛萇曰：考，亦擊也。槁與考，古字通。

【陳校】

注「弗擊弗考。」「擊」，「鼓」誤。又「考亦擊也。」「亦」字，衍。

【集說】

顧按：李所引《毛詩經》「弗擊」《傳》：「考，亦擊也」，與《正義》本正同，非誤衍也。

朱氏《集釋》曰：案：今《詩》「擊」作「鼓」，《釋文》：「鼓，如字。本或作擊，非。」《正義》曰：「今定本云：『弗鼓弗考。』注云：『考，擊也。』」無「亦」字，義並通，而《御覽·樂部·轂》引《詩》「不擊不考」，與此注皆

同「或作」本。胡墨莊云：「毛《傳》：『考，亦擊也』，與上文『婁，亦曳也』同例。陸必以『或作』為非，恐未然。」余謂：今《傳》「考，擊也」，蓋脫「亦」字，觀善注所引可知。「槁與考通」者，音本相近。《考工記・輪人》注：「揉，謂以火槁之」疏云：「槁，就也。」《左氏・隱五年經》：「考仲子之宮」疏云：「考，是成就之義。」《釋名・釋喪制》曰：「考，成也，亦言槁也。槁，於義為成。凡五材：膠、漆、陶、冶、皮革，乾槁乃成也。」是二字義通，故「考」之為「擊」，亦可借作「槁」矣。

許氏《筆記》曰：「弗擊弗考。」案：《詩》作「弗鼓」。《釋文》云：「本或作擊。」余所以記此條者，以明李氏引書皆有依據，戒人之輕改。

【疏證】

奎本、尤本並同。明州本、贛本、建本作「鼓」、有「亦」字。謹案：語見《毛詩注疏・唐風・山有樞》經作「鼓」、傳無「亦」字。音義：「鼓，如字。本或作擊，非。」疏：「今定本云：『弗鼓弗考』注云：『考，擊也』，無『亦』字。義並通也。」據《詩》音義、疏，則二字，陳校不改亦得。許說似正對陳氏而言。

又注：《樂府詩》曰：昨日見火能幾時。

【陳校】

注「昨日」。當作「鑿石」。

【集說】

余氏《音義》曰：「昨日」。何改「鑿石」。

梁氏《旁證》曰：毛本「鑿石」作「昨日」。誤也。

【疏證】

奎本以下諸六臣合注本、尤本悉作「鑿石」。謹案：語見《宋書・樂志・滿歌行》，字正作「鑿石」，《樂府詩集・滿歌行》同。毛本獨因音形兩近而譌，陳、何校當從《樂府詩集》、尤本等改正。

視民庶不恌　注：《毛詩》曰：視民不恌……。毛萇詩曰：恌，偷也。

【陳校】

注「毛萇詩」。「詩」字，衍。

【集說】

余氏《音義》曰：「毛萇詩」。六臣無「詩」字。

胡氏《考異》曰：注「毛萇詩曰」。袁本、茶陵本無「詩」字，是也。

梁氏《旁證》曰：六臣本無「詩」字，是也。段校「詩」下添「傳」字。

【疏證】

尤本同。奎本以下諸六臣合注本並無「詩」字。謹案：善注引毛《傳》有「毛萇詩傳」、「毛萇曰」之別，已見上何敬祖《贈張華》「和風與節俱」條。本條兼引經、傳，循例省作「毛萇曰」，不得作「毛萇詩」。毛本當誤從尤本，故以陳校、《考異》說為得其實，段校亦不必添。

歸雁映蘭畤　注：《韓詩》曰：宛在水中沚。薛君曰：大渚曰沚。

【陳校】

「畤」，當作「溤」。見前謝叔源《西池詩》注。又此注「曰沚」下，疑脫「溤與沚同」四字，亦見前注。

【集說】

余氏《音義》曰：「畤」，五臣作「溤」。舊音「沚」。

孫氏《考異》曰：案：據注則「畤」，當作「沚」。五臣本作「溤」。「溤」與「止」同。作「畤」非也。

胡氏《考異》曰：「歸雁映蘭畤。」茶陵本云：五臣作「溤」。袁本云善作「畤」。陳曰云云。案：陳校云：「當作溤。」是也。考《集韻·六止》云：「沚、溤，或從寺。」又云：「溤澨，或從時。」然則，必潘詩異本有作「澨」者，或用「澨」改「溤」，遂誤為「畤」耳，非善、五臣之不同也。注中二「沚」字，皆當作「溤」，蓋《毛詩》作「沚」，訓「小渚」。《韓詩》作「溤」，訓「大渚」，故善引韓及薛君《章句》以注「溤」，不知者又誤改「溤」作「沚」，致與正文歧異。

梁氏《旁證》曰：六臣本「畤」作「溤」，是也。陳曰：「畤當作溤」云云。胡公《考異》曰：「《集韻·六止》云：『沚溤，或從寺。』」又云：「溤、澨，或從『時』。然則，必潘詩異本有作『澨』者，或用『澨』改『溤』，遂誤為時耳。注中二『沚』字，亦當作『溤』，蓋《毛詩》作『沚』，訓小渚；《韓詩》作『溤』，訓大渚，故善引《韓詩》及薛君《章句》以注『溤』，不知者誤

改之也。」

薛氏《疏證》曰：案：謝叔源《遊西池詩》「褰裳順蘭沚」注：「潘岳《河陽詩》曰：『歸鴈映蘭渚。』沚與渚同。」據彼注所引，知此詩之「時」蓋「渚」之譌也。《爾雅》：「小渚曰沚」釋文云：「沚音止。本或作渚。音同。」此「沚」、「渚」通用之證。又張平子《西京賦》「聚似京峙」薛注：「水中有土曰峙。」善注：「峙，直里切。」據義亦與「渚」通，蓋「渚」、「峙」皆「寺」聲也。

胡氏《箋證》曰：《旁證》曰：「六臣本時作渚。是也。《考異》曰：注中二沚當作渚，蓋《毛詩》作沚，《韓詩》作渚，故善引《韓詩》以注渚，不知者誤改之也。」紹煐按：本書謝叔源《遊西池詩》注引此詩作「渚」，云「沚，與渚同。」《穆天子傳》「飲於枝渚之中」郭璞注：「水枝成渚，音沚。」《爾雅·釋文》：「沚，本作渚。」

許氏《筆記》曰：「時」當作「渚」。《說文》「時，天地五帝所基址祭地。從田，寺聲。周市切」、「小渚曰沚。從水止聲。諸市切。」《爾雅》：「小陼曰沚」釋文云：「本或作渚。」《韓詩》「宛在水中渚。」是「時」為傳寫之譌，義當為「渚」。嘉德案：茶陵本云：五臣作「渚」。袁本云善作「時」，此據譌本言之，蓋以五臣亂善也。李引《韓詩》明作「渚」。安得云「善時、五臣渚」乎？陳云：「時當作渚」云云。陳說「作渚」，是也。《遊西池》注引此作「渚」，亦可證，而云脫「渚與沚同四字」，則非。彼詩引「渚」釋「沚」，故有「渚與沚同」之語，此注引《韓詩》、薛君「渚」為證，不煩再用相同之注。今本注作「沚」者，乃「渚」字之譌耳。蓋《毛詩》作「沚」訓「小渚」，《韓詩》作「渚」，訓「大渚」。李自引《韓詩》作「渚」，不知者誤從《毛詩》改「渚」作「沚」，致與正文歧異。非原注作「沚」也。胡曰：「《集韻·六止》：『沚、渚同，又，瀦、渚同。』然則，必潘詩異本有作瀦者，……非善、五臣之不同也。」其說亦是。

黃氏《平點》曰：「歸雁映蘭時」句。「時」，注作「沚」。當作「渚」。五臣本作「渚」，舊音止。

【疏證】

尤本誤同。奎本、明州本作「渚」，校云：善作「時」。贛本、建本作「時」，校云：五臣作「渚」。謹案：此毛本襲尤、建二本之誤，陳校據本書謝叔源《西池詩》「褰裳順蘭沚」注引本詩作「渚」正之，是也。然辨其致誤之因，不及前胡原原本本，能得其淵源。又嘉德謂：「陳云：『脫渚與沚同四字』，則非」，

亦是。此前胡所省略，蓋已明正文、《韓詩》、薛君並作「洔」矣。

寄松似懸蘿　注：《毛詩》曰：蔦于女蘿，施于松栢。

【陳校】

　　注「蔦于」，當作「蔦與」。

【疏證】

　　奎本以下諸六臣合注本、尤本悉作「蔦與」。謹案：語見《毛詩注疏·小雅·頍弁》，正作「蔦與」。《藝文類聚》卷八十八、《北堂書鈔》卷六、《太平御覽》卷九百五十三、卷九百九十五引並同。本書郭景純《遊仙詩（翡翠）》「綠蘿結高林」注、又《晦朔》篇「女蘿辭松柏」注、盧子諒《贈劉琨》「緜緜女蘿」注、陸士衡《悲哉行》「女蘿亦有託」注、江文通《雜體詩·古離別》「兔絲及水萍」注引亦並作「蔦與」。此二字，毛本傳寫獨譌。陳校當從《毛詩》、尤本等正之。

朱博糾舒慢　注：《漢書》曰：敕功曹官屬：多裒衣大袑，不中節度。自今掾吏衣皆去地三寸。……掾吏禮節，皆如楚、趙。

【陳校】

　　注中「掾吏」。「吏」，皆「史」誤。

【集說】

　　胡氏《考異》曰：注「自今掾吏」。陳云：「吏，史誤。下同。」是也，各本皆譌。

　　梁氏《旁證》曰：陳校：「吏改史。下同。」各本皆誤。

【疏證】

　　奎本以下諸六臣合注本、尤本悉同。謹案：事見《漢書·朱博傳》，二字正作「史」。《通志》、《太平御覽》卷二百六十、《冊府元龜》卷六百九十引《漢書·朱傳》並同。掾史，漢官專名。《後漢書·百官志一》：「〔太尉〕掾史屬二十四人」。陳校或因之。然徐天麟《西漢會要》卷二十四、《太平御覽》卷六百八十九引《漢書·朱傳》，則皆作「吏」。蓋古「史」、「吏」本一字，無須改也。參上《贈白馬王彪》「援筆從此辭」條等。

在懷縣作二首　潘安仁

靈圃耀華果　注：靈圃，猶靈囿也。

【陳校】

　　注「［猶］靈圃［也］。」「圃」，「囿」誤。

【疏證】

　　奎本以下諸六臣合注本、尤本悉作「囿」。謹案：此毛本傳寫涉上而誤，陳校當從尤本等正之。

黍苗何離離　注：《毛詩》曰：彼稷之茵。

【陳校】

　　注「彼稷之茵」。「茵」，「苗」誤。

【疏證】

　　奎本以下諸六臣合注本、尤本悉作「苗」。謹案：語見《毛詩注疏·王風·黍離》正作「苗」。《太平御覽》卷三百九十四引同。本書曹子建《情詩》「遊子歎黍離」注、劉越石《答盧諶》「彼稷育育」注引《毛詩》，亦並作「苗」。毛本獨形近而誤，陳校當從本書內證、尤本等正之。

眷戀想南枝。春秋代遷逝

【陳校】

　　按：自「南枝」以上為一篇，「春秋」以下為一篇。

【集說】

　　余氏《音義》曰：「春秋」，六臣此四句屬第二首。

　　孫氏《考異》曰：「春秋代遷逝」四句。《音義》云：「六臣本屬第二首。」「喜」、「思」舊並去聲。

　　胡氏《考異》曰：「春秋代遷逝。」何云「春秋。另一首，當提行起。」陳云「春秋以下為一篇。」是也，茶陵本不誤。袁本誤不提行，其以下仍相連，尚未誤割四句入第一首也。尤本非。

　　梁氏《旁證》曰：六臣本此下四句提行起，連第二首為一章。

　　許氏《筆記》曰：何云「南枝」以上為一篇，「春秋」以下屬一篇。

黃氏《平點》曰：「春秋代遷逝」已下，據別本提行。「我來冰未泮」句不提行。

【疏證】

尤本誤同。五臣正德本及陳本、奎本以下諸六臣合注本並「春秋」提行起。謹案：毛本當誤從尤本及陳、何之校。余、孫、許、黃說皆是。余氏「此四句」及胡氏《考異》「尚未誤割四句入第一首」云云，蓋指「春秋代遷逝，四運分可喜。寵辱易不驚，戀本難為思」四句。此係陳、何校篇章例。

四運分可喜 注：《楚辭》曰：綠葉素榮，紛其可喜。

【陳校】

「分」，「紛」誤。

【疏證】

諸《文選》本咸作「紛」。謹案：見《楚辭章句·九章·橘頌》篇，正作「紛」。陳氏當從《楚辭》、尤本等校。然「分」與「紛」同，王弼注《老子道德經下篇》：「解其分」案：「分，各本作紛。」《鬼谷子·抵巇》：「天下分錯。」並是其證。然則，毛本未必誤也。

綠槐夾門植 注：鄭玄《周禮注》曰：植，根生之屬也。

【陳校】

注「植」下，當有「物」字。

【集說】

胡氏《考異》曰：注「植根生之屬也。」陳曰云云。是也，各本皆脫。

梁氏《旁證》曰：陳校「植」下添「物」字。各本皆脫。

【疏證】

奎本以下諸六臣合注本、尤本脫同。謹案：鄭注見《周禮注疏·地官·大司徒》，引鄭司農云：「植物，根生之屬」。此陳校所據。然善注非，當引《玉篇·木部》：「植，根生之屬也，樹也。」與上句「白水過庭激」之「激」始相切。陳、前胡皆為所誤。毛本當誤從尤本等。

卷然顧鞏洛　注：《孔叢子》：歌曰：眷然顧之，慘焉心悲。

【陳校】

「卷」，五臣本作「眷」。據此注亦作「眷」為是。

【集說】

胡氏《考異》曰：「卷然顧鞏洛。」袁本、茶陵本「卷」作「眷」，云：善作「卷」。陳云：「據此注，亦作眷為是。」案：所校是也。此但傳寫誤，各本所見皆非。

梁氏《旁證》曰：六臣本「卷」作「眷」，是也。陳曰：「據注，亦作眷為是。」

【疏證】

尤本同。五臣正德本及陳本、奎本以下諸六臣合注本並作「眷」，校云：善作「卷」。謹案：《孔叢子》，見《刑論》篇，正作「眷然顧之」。《藝文類聚》卷五十引同。五臣作「眷」，翰注可證。毛本當誤從尤本，陳校當據注文、六臣合注本等正之。前胡「但傳寫誤，各本所見皆非」說，精審。

恪居處職司　注：《左氏傳》公鉏曰敬恭朝夕，恪居官次。

【陳校】

注「公鉏曰」。「曰」，當作「然之」。

【集說】

胡氏《考異》曰：注「公鉏曰：敬恭朝夕。」案：「曰」字不當有，各本皆衍。陳云：「曰，當作然之二字。」非也，善引多節耳。

梁氏《旁證》曰：「曰」字不當有，各本皆衍。陳校改「然之」二字，亦非，李注多節引耳。

【疏證】

奎本以下諸六臣合注本、尤本悉同。語見《春秋左傳注疏·襄公二十三年》正作「公鉏然之。敬共朝夕，恪居官次」，《冊府元龜》卷七百三十一、卷八百三十一併同。此或陳校所據。「敬恭」二句，非公鉏言語，按善注體例，「曰」字當在書名下，故前胡以「曰」字衍，亦非。彼云「善引多節」，則是，陳校過泥。毛本誤同尤本等。

迎大駕一首　潘正叔

題下注：王隱《晉書》曰：東海王越從大駕討鄴。軍敗。永康二年。

【陳校】

題注：「軍敗」下，脫「輕騎奔下邳」五字。

【集說】

姚氏《筆記》曰：「軍敗」下，何校增「輕騎奔下邳」五字。

【疏證】

尤本脫同。奎本以下諸六臣合注本並有「輕騎」以下五字。謹案：此尤本傳寫脫五字。無此五字，則下文越率天下甲士「奉迎大駕還洛」事，及身預其事之作者如何有此詩，事關詩題諸事，皆不得明焉。《晉書·東海王越》：「太安初，帝北征鄴。以越為大都督。六軍敗，越奔下邳。」可為旁證。毛本當誤從尤本，陳、何校據六臣合注本補正之。

朝日順長塗　注：《毛詩》曰：順被長道。

【陳校】

注「順被」。「被」，「彼」誤。

【疏證】

奎本以下諸六臣合注本、尤本悉作「彼」。謹案：語見《毛詩注疏·魯頌·泮水》，正作「彼」，本書《古詩十九首（迴車）》「悠悠涉長道」注引同。然「被」與「彼」通。《說文通訓定聲·隨部》：「被，叚借為彼。實助語之辭。」《荀子·宥坐》：「還復瞻被九蓋皆繼。被有說耶？匠過絕耶。」楊倞注：「被，皆當為彼。」然則，毛本未必誤。陳校則從《毛詩》、本書內證、尤本等，亦不必改毛本焉。

崤函方嶮澁　注：《戰國策》：蘇武曰：秦東有崤函之固。

【陳校】

注「蘇武」。「武」，「秦」誤。

【集說】

胡氏《考異》曰：注「蘇武曰」。陳曰云云。是也，各本皆誤。

梁氏《旁證》曰：陳校「武」，改「秦」。各本皆誤。

【疏證】

奎本、明州本、尤本、建本誤同。贛本作「代」。謹案：語見《戰國策·秦策一》，正是「蘇秦」。毛本當誤從尤本等，贛本亦非，然可佐證作「武」之非。陳校當從《戰國策》正之。

徐待二戈戡　注：《毛詩》曰：載戢干戈。

【陳校】

「二」，「干」誤。

【疏證】

諸《文選》本悉作「干」。謹案：《毛詩》，見《周頌·時邁》篇。正作「干」。《史記·周本紀》、《漢書·五行志》、《北堂書鈔》卷十五、《白孔六帖》卷五十六、《太平御覽》卷三百二十七及卷三百五十一引並同。此毛本傳刻形近致誤，陳校當從善注、尤本等正之。

赴洛二首　陸士衡

載多離悲心　注：《毛詩》曰：載離寒暑。

【陳校】

「多離」，當乙。

【疏證】

諸《文選》本咸作「離多」。謹案：此毛本傳寫獨倒，陳校當從善注、尤本等乙之。《毛詩》，見《小雅·小明》篇，正作「載離」，本書曹子建《朔風詩》「載離寒暑」注引《毛詩》同。

纏綿胸與臆　注：張叔《與任彥堅書》曰：纏綿恩好，庶蹈高蹤。

【陳校】

注「張叔」。「叔」，當作「升」。升，字彥真，見范史《文苑傳》。

【集說】

胡氏《考異》曰：注「張叔《與任彥堅書》曰。」陳曰云云。是也，各本皆誤。

梁氏《旁證》同前胡《考異》。

【疏證】

奎本以下諸六臣合注本、尤本誤同。謹案：本書陸士衡《赴洛道中作》「沈思鬱纏緜」注、鮑明遠《代君子有所思》「絲淚毀金骨」注、陳孔璋《答東阿王牋》「秉青荓干將之器」注引「張叔」，誤並同。而潘安仁《西征賦》「思纏綿於墳塋」注、《寡婦賦》「思纏緜以瞀亂兮」注、張孟陽《七哀詩》「纏綿彌思深」注、陸士衡《贈馮文熊遷斥丘令》「好合纏綿」注、張景陽《七命》「何異促鱗之游汀濘」注引《與任彥堅書》，並作「張升（昇）」。升，與隸書「叔」形近易譌。毛本當誤從尤本等，陳校當從《後漢書・張升傳》、本書內證等正之。

赴洛道中作二首　　陸士衡

頓轡倚嵩巖　注：《爾雅》曰：嵩，高也。

【陳校】

「頓轡倚嵩巖」。「嵩」，一作「高」。

【集說】

余氏《音義》曰：「嵩」，五臣作「高」。

顧按：「高」，是五臣本。

【疏證】

尤本作「嵩」。五臣正德本及陳本作「高」，奎本、明州本同，有校云：善作「嵩」字。贛本、建本作「嵩」，校云：五臣作「高」。謹案：《爾雅》，見《釋詁》。五臣作「高」，濟注可證。據善注引《爾雅》，已可明善作「嵩」。毛本當從尤本，不誤。善與五臣既有別，陳校不當以五臣亂善也。

撫几不能寐

【陳校】

「几」，一作「枕」。

【集說】

余氏《音義》曰：「几」，五臣作「枕」。

顧按：此是「机」字。

梁氏《旁證》曰：六臣本「几」作「枕」。

許氏《筆記》曰：「撫几」。何改「撫枕」，云「宋本誤几。」嘉德案：何從五臣。

【疏證】

尤本作「撫几」。五臣正德本、陳本正作「枕」，奎本、明州本同，有校云：善本作「几」。贛本、建本作「几」，校云：五臣作「枕」。謹案：尤氏《考異》曰：「五臣作撫枕。」《四庫全書考證》卷九十五：「撫几不能寐」，刊本「几」譌為「枕」，並据《文選》改。若論「撫几」、「撫枕」之是非，關鍵在於「寐」字之理解。實睡為「撫枕」，假寐，可作「撫几」。《詩經·小雅·小弁》：「假寐永歎，維憂用老。」鄭玄箋：「不脫冠衣而寐，曰假寐。」或謂上兩句云「清露墜素輝，明月一何朗」，不得謂「假寐」。答曰：然下句又云「振衣獨長想」，此非假寐而何？「振衣」者，謂整衣去塵耳。《楚辭·漁父》：「新沐者必彈冠，新浴者必振衣」王逸注：「去塵穢也。」本書士衡《招隱詩》：「明發心不夷，振衣聊躑躅。」善注：「杜預《左氏傳注》曰：『振，整也。』」皆可為證。是善本自為「几」、五臣自為「枕」爾。尤本不誤。毛本當從尤本。此亦陳校以五臣亂善。關於顧校，可參上謝玄暉《在郡臥病呈沈尚書》「撫机令自嗤」條。

振衣獨長想　注：《新賦》曰：老古振衣而起。

【陳校】

注「《新賦》」。「賦」，「序」誤。

【集說】

余氏《音義》曰：「新賦」。「賦」，何改「序」。

梁氏《旁證》曰：毛本「序」誤作「賦」。

【疏證】

奎本以下諸六臣合注本、尤本悉作「序」。謹案：語見《新序·雜事》。《太平御覽》卷三百九十、八百三十二引亦為「《新序》」。本書陸士衡《招隱

詩》「振衣聊躑躅」注、謝玄暉《觀朝雨》「平明振衣坐」注引並為「《新序》」。此毛本偶疏，陳、何校當從《新序》、本書內證、尤本等正之。

辛丑歲七月赴假還江陵夜行塗口一首　　陶淵明

林園無世情　注：《纏子》：董無心曰。

【陳校】

注「《纏子》」。「纏」，當作「繵」。說已見前。

【集說】

許氏《筆記》曰：《漢書·藝文志》有「董子一篇」注云：「名無心。難墨子。」或以此「纏」字為「董」字之譌。案：《玉海》云：「董子，戰國時，著書難《墨子》。《書目》一卷。與學墨者纏子辨《尚同》、《兼愛》、《上賢》、《明鬼》之非。纏子屈焉。《論衡》引董子難纏子。」然則，董子、纏子各自一人，非「纏」為「董」字之譌也。

【疏證】

奎本以下諸六臣合注本、尤本悉同。謹案：毛本當從尤本等。「纏子」，當作「墨（繵）子」。參上陸士衡《文賦》「練世情之常尤」條。又，參《文賦》，又可發現許說實同胡氏《箋證》。此略可明許氏《筆記》，異行之說，或有嘉德補綴，嘉德有襲人說之嫌，此亦《筆記》與徐氏《糾何》之從出關係之佐證也。

商歌非吳事　注：《莊子》：卞隨曰：非吾事也。

【陳校】

「吳」，「吾」誤。

【疏證】

諸《文選》本咸作「吾」。謹案：事見《莊子·讓王》篇，正作「吾」，本書馬季長《長笛賦》「隨光之介也」注引同。《文章正宗》卷二十二下引亦作「吾」。今但據善注亦可正正文作「吳」之非。毛本獨因音近而譌，陳校當從注文、《莊子》、本書內證、尤本等正之。本條吳、吾雖音近，然內容無關姓氏及古官職名稱，故不能通假。說詳下張景陽《七命》「銘德於昆吳之鼎」、袁彥

伯《三國名臣序贊》「忠而獲戾」諸條。此毛本濫用吳吾通假，或為好古之累。

不為好爵榮　注：《周易》曰：我有好爵，吾與爾靡之。

【陳校】

　　「榮」，「縈」誤。

【集說】

　　孫氏《考異》曰：「榮」，何校改「縈」。

　　胡氏《考異》曰：「不為好爵榮。」何校「榮」改「縈」。陳同。謹案：此依今本《陶集》校也。詳五臣銑注作「榮華」解，是其本作「榮」。善注無明文，未知與五臣異同，以義求之，似當是「營」。應劭注《漢書·敘傳》「不營」曰：「爵祿不能營其志」，引《易》「不可營以祿」，虞翻本正如此。今本《漢書》改引《易》作「榮」。又《隸釋》載《婁壽碑》：「不可營以祿」。新刻亦改「榮」，是後人多知「榮」，少知「營」故耳。《集》作「縈」，未可據。其《詠貧士》第四首「好爵吾不榮」。仍作「榮」，可見「縈」未必非又「榮」之誤者也。何、陳失之。

　　張氏《膠言》曰：何校改「榮」作「縈」。胡中丞曰：「何依今本《陶集》校改。五臣銑注作榮華解。以義求之，似當是營……可見縈未必非又榮之誤者也。」

　　梁氏《旁證》曰：何校「榮」改「縈」。胡公《考異》曰：「以義求之，似當是『營』。應劭注《漢書·敘傳》『不營』曰云云」。

　　朱氏《集釋》曰：案：今《易》「靡」字，《漢上易傳》引子夏作「縻」。「縻」與「靡」，古通用。《釋文》引陸績作「縰」。縰，即縻也。《廣雅·釋詁》：「縻，係也。」蓋謂係戀也。此正文「榮」字，何氏校本依《陶集》改「縈」，是也。《玉篇》：「縈，旋也」、《廣韻》：「縈，繞也」，皆與「係」義近。胡氏《考異》乃云「當作營」，引《易》「不可營以祿」，虞翻本「榮」作「營」。然是否《卦象辭》與《中孚卦》無涉？注意似亦以「縻」釋「縈」。若作「營」，則上「為」字文義未合。《考異》又云：「陶集《詠貧士》第四首『好爵吾不榮』，可見『縈』未必非又『榮』之誤。」余謂：彼處「榮」，當亦「縈」之誤，且「吾不榮」原可通，而此「不為好爵縈」，固「縈」字較長。今本《蘇詩》施注引《貧士詩》則作「好爵吾不縻」。益知《考異》所見之本作「榮」者，非矣。

胡氏《箋證》曰：《考異》曰：「榮，當作『營』。應劭注《漢書・敘傳》『不營』曰」云云。紹煐按：銑注「不以好爵為榮華」，是五臣作「榮」，而銑注謬解之耳。

許氏《筆記》曰：「榮」，《集》作「縈」。嘉德案：何校亦從《集》改「縈」，陳同。五臣銑注作「榮華」，是五臣作「榮」耳。胡曰云云。胡說作「營」，亦是，然作「榮」、作「營」、作「縈」，義各有取，皆通。《集》既作「縈」，不必更疑《集》之有誤，李既無注，從《集》為合。

黃氏《平點》：依何焯說，改「榮」為「縈」。

【疏證】

諸《文選》本悉同。謹案：許說「榮、營、縈三字，義各有取，皆通」，此「通」本指文意通順，非謂字可通叚。而《說文通訓定聲・鼎部》：則云：「榮，叚借為營。」《晏子春秋》卷三：「不為行以揚聲，不掩欲以榮君。」吳則虞《集釋》引王引之曰：「榮，讀為營。營，惑也。」《韓非子》卷十：「乃遺之屈產之乘、垂棘之璧、女樂六，以榮其意而亂其政。」皆朱駿聲說之證。五臣雅有求歧於李善之心，今五臣既為「榮」，剩下「營」、「縈」二字，兩相權衡，則善祇有作「縈」之選擇。又以版本言，亦當以善作「縈」，蓋有今本《陶集》為依據也。然則，陳、何校是。毛本當從尤本等。諸家以朱氏《集釋》說最得，梁氏、後胡皆從前胡耳。參拙著《何校集證》。

永初三年七月十六日之郡初發都一首　謝靈運

李牧愧長袖　注：《說文》曰：捭，兩手擊也。希買切。

【陳校】

按：《宋書・五行志》：靈運每出入，自扶接者數人。民間謠曰：「四人掣衣裾，三人捉坐席」是也。此不肅之咎，後坐誅。由此詩「李牧」以下三（連）〔聯〕觀之，則出入必扶接，殆支體有疾故耳。又注「《說文》曰：捭」。「捭」，「捭」誤。

【疏證】

奎本以下諸六臣合注本、尤本悉作「捭」。謹案：「捭」，見《說文・手部》，正解作「兩手擊也」云。本書張景陽《七命（大夫曰若乃）》「句爪摣，鋸牙

捭」注引亦作「捭」。此毛本獨因二字形、音相近而誤，陳校當從《說文》、尤本等正之耳。今觀注引《戰國策》「將軍為壽於前，捭匕首」。亦可證當作「捭」。借校勘以考史論人，此陳氏不失史家本色焉。

良時不見遺　注：言雖有疾，背不見棄遺也。

【陳校】

　　注「背不見」。「背」，「皆」誤。

【疏證】

　　明州本、贛本、建本誤同。奎本、尤本作「皆」。謹案：毛本當誤從建本等，陳校當據上下文義及尤本等正之。

徒乖魏王瓠　注：《莊子》曰：何不能攄以為大樽，常浮乎江湖。司馬彪曰：瓠，布濩；落，零落也……一瓠落，大貌。

【陳校】

　　注「何不能」。「能」字衍。「常浮乎」。「常」，「而」誤。又「一瓠落」。「一」下，脫「曰」字。

【集說】

　　余氏《音義》曰：「常浮」。「常」，何改「而」。

　　胡氏《考異》曰：注「何不能攄以為大樽。」袁本無「能」字，是也。茶陵本亦衍。又曰：注：「一瓠落大貌。」袁本無「一」字，是也。茶陵本亦衍。

　　梁氏《旁證》曰：六臣本無「能」字、「一」字。是也。毛本「而」誤作「常」。

【疏證】

　　奎本無「能」、作「而」、作「一瓠落」。明州本、贛本、尤本、建本衍「能」餘同奎本。謹案：《莊子》見《逍遙遊》，作「何不慮以為大樽而浮乎江湖？」宋・陸佃撰《埤雅・釋草》引同，並無「能」字、作「而」字。惟「一」字，是衍，抑下脫「曰」？須一辨。詳審善注，可發覺：善有兩釋「瓠落」，初引司馬彪以「布濩」、「零落」，乃分釋「瓠」、「落」二字；繼以「大貌」，釋組詞「瓠落」，乃善依他說。其間倘無「一曰」字樣，前後文即失照應。而且奎本以下諸六臣合注本、尤本既有之「一」字，亦將無着落矣。袁

本所宗之本（廣都裴本）不能知此，故有妄刪「一」字之舉。前胡不見奎本等宋刻六臣合注本，亦忽略善注初衷，故亦不免偏信袁本。梁氏則鸚鵡學舌而已。本條陳氏三校皆是。毛本衍「能」、脫「曰」，當誤從尤本等，「常」字，則傳寫獨譌耳。

未絕賞心悟　注：言今遠遊將窮山海之迹，賞心之對，於此長乖。鄭玄《毛詩箋》曰：晤，對也。

【陳校】

　　「未」，「永」誤。「悟」，「晤」誤。

【集說】

　　余氏《音義》曰：「悟」。五臣作「晤」。

　　孫氏《考異》曰：「未」，當依六臣作「永」。「悟」，當依五臣作「晤」。據注云：「賞心之對，於此長乖」，又引《毛詩箋》：「晤，對也」，則善本亦作「永」、「晤」字無疑。自注『靈運酬惠連詩』：「永絕賞心望」。

　　梁氏《旁證》曰：毛本「永」作「未」，誤也。靈運《酬惠連》詩「永絕賞心望」，可證。

　　胡氏《箋證》曰：《旁證》云「作未，誤」云云。

　　許氏《筆記》曰：「心悟」。依注作「晤」。嘉德案：六臣本作「悟」，云：五臣作「晤」。李注明曰：「晤，對也」，是善自作「晤」。此六臣據譌本為校語也。

【疏證】

　　尤本作「永」、「悟」。奎本、明州本作「永」、「晤」，校云：善本作「悟」。贛本、建本作「永」、作「悟」，校云：五臣作「晤」。五臣正德本闕葉，陳本作「永」、「晤」。謹案：《藝文類聚》卷二十七引作「永」、「悟」。鄭《箋》見《毛詩注疏·陳風·東門之池》篇。本書謝惠連《泛湖歸出樓中翫月》「晤言不知罷」善注：「《毛詩》曰：『彼美淑姬，可與晤言。』鄭玄曰：『晤，對也。』悟與晤同，古字通。」可證善本作「悟」。五臣作「晤」，則翰注可證。五臣求異善注，故從《毛詩》作「晤」。又阮嗣宗《詠懷詩十七首（灼灼）》「晤言用自寫」亦引鄭《箋》，因五臣與善並用「晤」，故善注無「悟與晤同，古字通」七字。本條善與五臣有異，善注鄭《箋》後，理當有此七字，而誤奪。陳校見未

及此，誤校耳。「未」字，毛本獨因與「永」形近而譌；作「悟」，當從尤本爾。

過始寧墅一首　　謝靈運

拙疾相倚薄　　注：拙，謂拙官也。

【陳校】

　　注「拙官」。「官」，「宦」誤。

【疏證】

　　奎本同。明州本、贛本、尤本、建本作「宦」。謹案：「拙官」，不辭。「拙宦」與「善宦」相對，謂不善為官，多見以自謙。唐人多見用之。宋之問《酬李丹徒見贈之作》詩：「以予慚拙宦，期子遇良媒」、白居易《初罷中書舍人》詩：「自慙拙宦叨清貴，還有癡心怕素湌」，並是其證。毛本當形近而譌，陳校當從尤本等正之。

葺宇臨廻江　　注：《洞簫賦》曰：過江流川而概其山。

【陳校】

　　注「過江流川而概其山。」「過」，「廻」誤、「概」，「溉」誤。

【疏證】

　　奎本以下諸六臣合注本、尤本悉作「廻」、「溉」。謹案：《洞簫賦》載在本書，正作「廻」、「溉」，嵇叔夜《琴賦》「臨廻江之威夷」注引《洞簫賦》同。二字，毛本獨因形近而譌，陳校當從本書內證、尤本等正之。

富春渚一首　　謝靈運

且汲富春郭

【陳校】

　　「且汲」。當作「旦及」。

【集說】

　　余氏《音義》曰：「且汲」。何曰：宋本作「旦及」。

孫氏《考異》曰：六臣本作「且及」。潘校：「且」改「旦」。何云：宋本作「旦及」。

許氏《筆記》曰：何云：「宋本作『旦及富春郭。』」案：宋本為是。嘉德案：注云「富春東三十里有漁浦」，則作「宵濟」、「旦及」為得。《富陽邑志》：「漁浦在靈峯村，東流入江，宰富春時，嘗游其地。」

【疏證】

奎本、明州本、贛本、尤本、五臣陳本悉作「且及」。五臣正德本、建本作「旦及」。謹案：祝穆《方輿勝覽》卷一、宋・潛說友《咸淳臨安志》卷二十七引並作「旦及」。上句為「宵濟漁浦潭」，此句自當作「旦及」。嘉德說是。「旦」、「且」，形近而譌，毛本當誤從建本等，陳、何校尤本等正之。《記纂淵海》卷九引作「暮及富春郭」。「暮」字與上句「宵」重，顯非。

遊至宜便習　注：《周易》曰：水洊至習坎。王弼曰：重險懸絕，故水洊至也。不以坎無隔絕，相仍而至，習乎坎者也。

【陳校】

「遊」，「洊」誤。又注「不以坎無隔絕。」「無」，「為」誤。

【疏證】

諸《文選》本咸作「洊」。奎本以下諸六臣合注本、尤本悉作「為」。謹案：語見《周易注疏・坎》，正作「洊」、「為」。《方輿勝覽》卷一、《咸淳臨安志》卷二十七並作「洊」。毛本二字獨形近傳寫而譌，陳校當從《周易》、尤本等正之。

始果遠遊諾　注：鄭玄《毛詩箋》曰：諾，應辭也。然古者請於君，君許則盡諾以報之。

【陳校】

注「盡諾」。「盡」，「畫」誤。

【集說】

胡氏《考異》曰：注「則盡諾以報之」。陳曰云云。是也，各本皆譌。

梁氏《旁證》曰：陳校「盡」改「畫」。各本皆誤。

【疏證】

奎本以下諸六臣合注本、尤本誤同。謹案：諸本皆因「盡」、「畫」二字形近而誤，毛本當誤從尤本等，陳校當據注上下文義正之。

萬事俱零落　注：《莊子》曰：致命盡情，天地樂而萬事銷也。

【陳校】

注「萬事銷也」。「也」，「亡」誤。

【疏證】

奎本以下諸六臣合注本、尤本悉作「亡」。謹案：語見《莊子・天地》篇，正作「亡」。此毛本因形近致譌，陳校當從《莊子》、尤本等正之。

懷抱既昭曠　注：《莊子》：宛風謂諄芒曰。

【陳校】

注「宛風」。「宛」，「苑」誤。

【疏證】

奎本以下諸六臣合注本、尤本悉作「苑」。謹案：事見《莊子注・天地》，字正作「苑」。本書賈誼《鵩鳥賦》「德人無累兮」注、曹子建《與吳季重書》「食若填巨壑」注引《莊子》亦皆作「苑」。凡此，當陳校所據。然《經典釋文・莊子・天地》：「苑風，本亦作宛也。」故此亦祇是毛本好古，陳校不宜謂誤也。

七里瀨一首　謝靈運

日落山照曜　注：《毛詩》曰：羔裘如膏，日出有曜。毛萇曰：日出照曜，然見其如膏也。

【陳校】

注「然見其如膏」。「然」下，脫「後」字。

【疏證】

奎本以下諸六臣合注本、尤本悉脫。謹案：語見《毛詩注疏・檜風・羔裘》，正作「然後」字。陸佃《埤雅》卷五引，亦有「後」字。此毛本從尤本

等而譌，陳校當從《毛詩》正之。

豈屑末代誚　注：王逸《楚辭注》：劉向《雅琴賦》曰：末世鎖才兮智孔寡。

【陳校】

　　注「末世鎖才」。「鎖」，疑「瑣」。

【集說】

　　胡氏《考異》曰：注「末世鎖才兮」。陳曰云云。是也，各本皆譌。

　　梁氏《旁證》曰：陳校「鎖」改「瑣」。各本皆誤。

【疏證】

　　奎本、明州本、尤本、建本同。贛本作「瑣」。謹案：鄭珍《說文新附考》：「鎖，本作瑣，从金，俗加。」此毛本從尤本等俗寫，尚非譌誤字，陳校當從贛本耳。

初去郡一首　謝靈運

牽絲及元興　注：應璩詩曰：不悮牽朱絲，三署來相尋。

【陳校】

　　注「不悮」。「悮」，「悟」誤。

【集說】

　　胡氏《考異》曰：注「不悮牽朱絲」。何校「悮」改「悟」。陳同。謹案：此疑借「悮」為「悟」，已見阮籍《詠懷》詩。

　　梁氏《旁證》曰：何校「悮」改「悟」。陳同。

【疏證】

　　奎本以下諸六臣合注本、尤本同。謹案：宋·吳淑《事類賦·寶貨部·絲》「遙思初仕之年」注引作「悮」。前胡《考異》說是，不必改也。何、陳於字之通假，不稍假貸。以之別五臣與善或可，以之概繩版本是非，似涉苛刻。參上《詠懷詩》「乃悮羨門子」條。姚寬《西溪叢語》卷下引作「悟」。《文章正宗》卷二十二下注引作「懼」，恐非。

止監流歸停

【陳校】

「止監」當乙。

【集說】

孫氏《考異》曰：何校作「監止」。

梁氏《旁證》曰：何校「止監」作「監止」。

【疏證】

諸《文選》本咸作「止監（或作鑒，同）」。謹案：《文章正宗》卷二十二下亦「止監」。《風雅翼》卷六作「鑒止」，有校云：「舊作止鑒。」焦竑本《謝康樂集》亦作「鑒止」。考量與上句「戰勝臞者肥」之「戰勝」為偶，陳、何校乙之，似勝，當從《風雅翼》等耳。

初發石首城一首　　謝靈運

題下注：伏韜《北征記》曰……。是曰京師。

【陳校】

題注「是曰京師」。「師」，當作「畿」。因詩有「出宿薄京畿」句，故既引伏《記》，復云爾也。

【集說】

胡氏《考異》曰：注「是曰京師」。陳曰云云。案：所校是也。各本皆誤。

梁氏《旁證》曰：陳曰云云。各本皆誤。

【疏證】

奎本以下諸六臣合注本、尤本悉同。謹案：此陳氏據本詩正文以證題下注地名。按本書謝靈運《擬魏太子鄴中集・劉楨》「北渡黎陽津」注引「伏韜《北征記》曰：黎陽，津名也」及任彥昇《奏彈曹景宗》「塗中罕千金之費」注引「伏滔《北征記》曰：『金城西沂曰塗潤』」二例考量，伏注地名都與正文相切，然則，陳校不為無據。毛本當誤從尤本等。

日月垂光景　注：高龔《薦黃鳳文》曰：君垂日月之光。

【陳校】

　　注「高龔」。「高」，「葛」誤。

【集說】

　　姚氏《筆記》曰：注「高龔」。「高」，改「葛」。

【疏證】

　　奎本以下諸六臣合注本、尤本悉作「葛」。謹案：此毛本因形近而誤，陳校當從尤本等正之。本書屢見引用葛龔言語，如魏文帝《雜詩》「願飛安得翼」注等。葛龔，字元甫。梁國寧陵人。和帝時，以善文記知名。見《後漢書·葛龔傳》。

晨裝搏魯颸

【陳校】

　　「魯」，「曾」誤。

【集說】

　　余氏《音義》曰：「曾」。何曰：「宋本魯」。

　　胡氏《考異》曰：「魯」，當作「曾」。袁本云：善作「魯」，茶陵本云：五臣作「曾」。各本所見皆非。「魯」，但傳寫誤。何校改「曾」，陳同。是也。

　　梁氏《旁證》曰：六臣本校云：「曾，善作魯。」非也。作「魯」，但傳寫誤。

　　許氏《筆記》曰：何云：宋本作「魯颸」。案：曾颸，猶曾雲、曾暉、曾陰耳，作「魯」無謂。嘉德案：六臣、袁本云善作「魯」，茶陵本云五臣作「曾」。此六臣據誤本作校語也。胡曰云云。

【疏證】

　　尤本作「魯」。五臣正德本、陳本作「曾」，奎本、明州本同，校云：善本作「魯」。贛本、建本作「魯」，校云：五臣作「曾」。謹案：尤氏《考異》曰：「五臣魯作曾。」《藝文類聚》卷二十七、《海錄碎事》卷一引作「曾」。五臣作「曾」，良注可證。《考異》以「各本所見皆非，魯字但傳寫誤。」是，形近而誤耳。毛本當誤從尤本，陳、何校當據類書等正之。何云「宋本魯」，當謂

尤本，尤本蓋誤從贛本耳。

注：又曰《莊子》曰：摶扶搖而上。征颺，已見上文。

【陳校】

注中「又曰」二字，衍。

【集說】

余氏《音義》曰：「又曰」。何刪。

胡氏《考異》曰：注「又曰《莊子》曰：摶扶搖而上。征颺，已見上文。」案：「又曰」下，當有脫文，「征」字衍。袁本與此同誤。茶陵本刪「又曰」二字、「征颺已見上文」六字，作「《楚辭》曰：溢颺風而上征」九字，乃複出前《在郡臥病呈沈尚書》注耳。何校全依茶陵改，非。

梁氏《旁證》曰：「又曰」二字、「征」字並衍。

姚氏《筆記》曰：滅「又曰」二字。「扶搖」下增「羊角」二字、「征」下改「《楚辭》曰：『溢颺風而上征。』」

【疏證】

奎本、明州本、尤本同。贛本、建本無「又曰」二字及「征颺已見上文」六字，作「《楚辭》曰：溢颺風而上征」九字。謹案：《莊子》，見《逍遙游》篇，「上」下正無「征」字。胡氏《考異》謂「何校衍『征』字、複出『《楚辭》曰』九字」之非，無用置疑。惟「又曰」二字，何校刪之當否？審《考異》並非無端生疑。蓋「又曰」上，善引《毛詩》曰：「出宿于（濟）〔沛〕」，注上句「出宿薄京畿」之「出宿」，故《考異》以為此「又曰」字，乃表示下復有引《毛詩》注兩句中它辭，遂疑「下有脫文」。其疑是也。《考異》之疑，有奎本、明州本佐證，二本皆有「又曰」，尤本即從明州本。贛本不知其義，徑刪「又曰」，建本、茶陵本、何、陳校遞相宗之，並非也。

道路憶山中一首　　謝靈運

追情棲息時

【陳校】

「情」，「尋」誤。

【集說】

余氏《音義》曰：「情」，何曰：宋本「尋」。

孫氏《考異》曰：「情」，六臣本作「尋」，於義為長。

梁氏《旁證》曰：「追尋棲息時。」毛本「尋」作「情」。

胡氏《箋證》曰：六臣本「情」作「尋」，此殆偶誤。

許氏《筆記》曰：何曰云云。案：宋本為是。嘉德案：六臣、袁本作「尋」。

【疏證】

諸《文選》本咸作「尋」。謹案：《會稽志》卷二十、《會稽掇英總集》卷十三引亦作「尋」。此毛本獨因吳語二字音近偶誤，後胡說是。陳校當從尤本等正之。

得性非外永 注：《莊子》：南郭子綦曰：咸其自以，怒者其誰也。

【陳校】

「永」，「求」誤。又注「自以怒者」。「以」，「取」誤。

【集說】

余氏《音義》曰：「以怒」。「以」，何改「取」。

梁氏《旁證》曰：毛本「取」誤「以」。

【疏證】

諸《文選》本咸作「求」。奎本以下諸六臣合注本、尤本悉作「取」。謹案：《莊子》，見《齊物論》篇，字正作「取」。毛本獨因形近而誤「永」、「以」。陳、何校蓋據《莊子》、尤本等正之。

入彭蠡湖口一首　謝靈運

乘月聽哀狖，浥露馥芳蓀 注：《廣雅》曰：言乘月而遊，以聽哀狖之響。濕露而行，為歂芳叢之馥。狖，蜼也。

【陳校】

注「《廣雅》曰」三字，當在下「狖，蜼也」之上。《長陽賦》注可據。

【集說】

胡氏《考異》曰：注「《廣雅》曰。」何校三字改入下「狄，蛙也」上。陳云「《長楊賦》注可據。」今案：此疑中間本無「言乘月而遊」至「為玩芳叢之馥」四句。後來添入，乃致舛錯失次也。各本皆誤。

梁氏《旁證》曰：何校云云。

【疏證】

奎本以下諸六臣合注本、尤本悉同。謹案：《長楊賦》「虎豹狄玃」句注，正作「《廣雅》曰：狄，蛙也」云云。陳、何校當從本書內證正之。《考異》謂中間四句為「後來添入」，玩此二句，確不類善注，其說可取，四句當刪。

入華子崗是麻源第三谷一首　　謝靈運

題下注：謝靈運《山居圖》曰：……故老相傳：華子期者，祿里第子。翔集此項，故華子為稱也。

【陳校】

題注「祿里第子。」「祿」，「甪」誤。「里」下脫「先生」二字。「第」，「弟」誤。「翔集此項」。「項」，「頂」誤。

【集說】

顧按：「祿里」，不誤。小司馬《索隱》載孔安國《秘記》，字正如此，詳郭忠恕《佩觿·辨證》。

顧氏評校孫氏《文選考異》曰：案：袁、茶陵、尤三本「祿」字皆同，惟毛本作「甪」。今考：作「祿」者，善所引靈運《山居圖》原文也，作「甪」者，五臣翰注也。毛本既以五臣改善，又用俗字，甚誤。郭忠恕《佩觿·辨證》曰：「按《資暇》云：『漢四皓，其一號角里。角音祿，今多以覺音呼，乖也。是以《魏子》及孔氏《（銘）〔秘〕記》、荀氏《漢紀》慮將來之誤，直書祿里，可得而明。』」然則《山居圖》所謂「直書祿里」者也。《史記索隱》亦云：「孔安國《秘記》作祿里。」皆其證。《集韻·一屋》：「角，盧谷切。漢四皓，有角里先生。」《索隱》曰：「角里先生，河南軹人。」五臣作「角」不同，則別有所出。若「甪」，唐初所無，又後來俗體。正如王震澤刻《史記索隱》

「角里」字有三，皆不誤。而汲古閣刻單行《索隱》盡改為「用」，誤與此同。
王氏《蛾術軒篋存善本書錄·甲辰稿》卷四，1413頁。

胡氏《考異》曰：注「祿里弟子」。茶陵本「里」下有「先生」二字，何
校添，陳同。案：此不當添，「祿里」，即「祿里先生」矣。袁本亦無。又曰：
袁本「角」作「用」。案：「角」是，「用」非也。《廣韻·一屋》云：「角里先
生，《漢書》四皓。又音覺。」可見宋時尚無用字。袁本後改耳。茶陵本不誤，
與此同。前《入華子崗詩》注載《山居圖》作「祿」。《史記索隱》引孔安國
《秘記》亦作「祿」。祿、角古字通。今《漢書》、《索隱》以及《法言》等，
每為人改成「用」，而王震澤刻《史記》未譌。《隸釋》「四皓神祚机」字，影
宋本作角，極其明畫，近亦改用。恐讀者習見誤本，故附訂於此。「又曰」條，
見《考異》江文通《雜體詩·張庭尉綽》「南山有綺皓」，注「角里先生」。

張氏《膠言》曰：《孫廷尉雜述》首云：「南山有綺皓」注引「《漢書》：用
里先生」。胡中丞云：「角里，作用里者，非也。《廣韻·一屋》云云……恐讀
者習見誤本，故附訂於此。」雲璈按：李濟翁《資暇錄》云：「漢四皓，其一
角里音祿，今多以覺音呼。謬也。」至於讀「角」為「覺」，而「角里」之音
「祿」者，輒改為「用」，則益謬矣。考《唐韻》：「角音祿，又音覺」，音雖二
而字則一。《佩觽》集《字林》、《韻會》、《正韻》，分角、用為二，亦誤。見《江
文通雜體詩·用里》。

梁氏《旁證》曰：段校「里」下添「先生」二字。六臣本、尤本「祿」字
皆同，惟毛本作「用」。今考作「祿」者，李所引靈運《山居》原文也。作「用」
者，五臣翰注也。毛本既以五臣改李，又用俗字，甚誤。

徐氏《規李》曰：注「謝靈運《山居圖》」。案：當是《游名山注》。蓋靈
運有《山居賦》，未聞有《山居圖》也。

許氏《筆記》曰：題下注。「用里」作「祿里」。案：字本作「角」。《詩》
「麟之角」、「誰謂雀無角」。《東方朔傳》「臣以為龍又無角」，皆讀角為盧谷
反。《廣韻》「角」注云：「角里先生，漢四皓名。」荀悅《漢紀》作「祿里」，
角與祿音同，後人專以角為毛角字，別造用字，古所無也。嘉德案：商山四皓
角里先生，不知何時譌作「用」，今諸書皆為「用」，古無其字。「角里」亦作
「祿里」，古字通。……又案：茶陵本注「祿里」下有「先生」二字，何氏、
陳氏校皆增「先生」二字。胡云「祿里，即祿里先生矣，二字不必添，袁本
無。」德謂：袁本脫也，二字不可少。

【疏證】

奎本、尤本作「祿」、無「先生」、作「弟」、「頂」。明州本脫「故老」下至「稱也」二十二字。贛本、建本作「用」、有「先生」二字、作「弟」、「頂」。謹案：「祿」字，毛本從尤本，不誤。「用」字，上顧校引郭氏《佩觿・辨證》，祗取郭援李濟翁語，然「可得而明」下郭氏按語，全遭截去。為助讀者明瞭，茲為補足之：郭「按曰：《玉篇》等字書，皆云：『東方為䘲。䘲，音祿，或作角字，亦音祿。』《魏子》、《秘記》、《漢紀》不書『䘲』而作『祿』者，以其字僻，又慮誤音故也。字書而言『角』，直宜作『䘲』爾。然『䘲』字亦音角，角音覺者，樂聲也，或亦通作『隅角』之角字。是以今人多亂其音呼之，或妄穿鑿云：『音祿之角與音覺之角字，點畫有分別處』，又不知『角』、『䘲』各有二音，字體皆同而其義有異也。」前胡謂「角是，用非」、「善祿、五臣翰注作用」、「今《漢書》等，每為人改成用」，或是，惟陳校所見毛本作「祿里」，而顧、梁二氏所見毛本作「用」者，未知為毛本系統中何本。張氏考《唐韻》：「角音祿，又音覺」，謂「音雖二而字則一」，亦是。「里」下「先生」二字，葛洪《神仙傳》卷二正有此二字，本書江文通《雜體詩・張廷尉綽》「南山有綺皓」注、傅季友《為宋公修張良廟教》「道契商洛」注引《漢書》並作「用里先生」，有二字者是也。嘉德說「袁本亦無，蓋袁本脫也」，是。毛本脫，當誤從尤本。「第」、「項」二字，毛本獨因形近而誤，陳校當據上下文義正之。

銅陵映碧澗

【陳校】

「澗」。五臣作「潤」，為長。

【集說】

孫氏《考異》曰：潘校從五臣改「潤」。

胡氏《考異》曰：「澗」，當作「潤」。袁本、茶陵本作「澗」，云：「善作潤。」案：各本所見皆非也，「潤」字不可通，但傳寫誤。

梁氏《旁證》曰：六臣本「澗」作「潤」是也。作「潤」但傳寫誤。

許氏《筆記》曰：「澗」，何云「潤」字之譌。嘉德案：茶、袁本云善作「潤」。此誤本也，「潤」不可通，善自作「澗」。

【疏證】

尤本同。奎本以下諸六臣本作「潤」。校云：善作「潤」。五臣正德本、陳本作「潤」。謹案：五臣作「潤」，銑注可證。《藝文類聚》卷六、《海錄碎事》卷三下、《古今事文類聚前集》卷十四、《記纂淵海》卷十一引、《方輿勝覽》卷二十一「華子岡」注、《九家集注杜詩》、《補注杜詩・陪鄭廣文遊何將軍山林》「香芹碧潤羹」注引並作「潤」。毛本當誤從尤本。陳、何校是。前胡、梁氏以為「但傳寫誤」，亦在理。下文「紅泉」與之對偶，正可佐證。

石澄瀉紅泉

【陳校】

「澄」，「磴」誤。

【疏證】

諸《文選》本咸作「磴」。謹案：《海錄碎事》卷三下、《古今事文類聚前》集卷十四、《記纂淵海》卷十一併作「磴」。與上句「陵」字相對，自當作從「石」。此毛本獨因形、音並近而誤，陳校當從尤本等正之。

既枉隱淪客，亦棲肥遯賢　注：桓子《新論》曰：《周易》曰：肥遯無不利。

【陳校】

注「《新論》曰」下，脫「天下神人五，二曰隱淪」九字。見《江賦》注。

【集說】

胡氏《考異》曰：注「桓子《新論》曰」。陳曰云云。今案：蓋注本云「隱淪，見《江賦》」，或記「桓子《新論》」於旁，而誤改之如此也，各本皆誤。

梁氏《旁證》曰：注「桓子《新論》曰」。陳曰：「此下應添：『天下有神人五，二曰隱淪』十字。見《江賦》注。」

【疏證】

奎本以下諸六臣合注本、尤本悉同。謹案：毛本蓋從尤本等，陳校尚失一間焉。「二曰隱淪」見《江賦》「納隱淪之列真」注。前胡據善注體例校正，其說是。本書顏延年《五君詠・嵇中散》「尋山洽隱淪」注、謝玄暉《敬亭山詩》「隱淪既已託」注、任彥昇《為卞彬謝脩卜忠貞墓啟》「隱淪惆悵」注引亦

複出，非也。

邈若升雲煙　注：曹子建《述仙詩》曰：遊將升雲煙。

【陳校】

注「遊將」。「遊」，「逝」誤。

【集說】

胡氏《考異》曰：注「遊將升雲煙。」陳曰云云。是也，各本皆譌。

梁氏《旁證》曰：陳校「遊」改「逝」。各本皆誤。

【疏證】

奎本以下諸六臣合注本、尤本悉同。謹案：「遊將」不辭。「逝將」，古人表遊跡將至常用語，本書屢見。如：向子期《思舊賦》「余逝將西邁」、謝靈運《遊南亭》「逝將候秋水」、曹子建《贈白馬王彪》「逝將歸舊疆」等等，不勝枚舉。此陳校所出。毛本蓋誤從尤本等。

羽人絕髣髴　注：《楚辭》曰：仰羽人於丹丘。

【陳校】

注「仰羽人」。「仰」，「仍」誤。

【集說】

胡氏《考異》曰：注「仰羽人於丹丘。」陳曰云云。是也，各本皆譌。

梁氏《旁證》曰：陳校「仰」改「仍」。各本皆誤。

【疏證】

奎本以下諸六臣合注本、尤本悉誤。謹案：《楚辭》語，見《遠遊》篇，正作「仍」。本書孫興公《遊天台山賦》「仍羽人於丹丘」注引同。毛本當誤從尤本等，陳校當從《楚辭》、本書內證正之。